老板为什么难当了

中国市场发生20个变化

庄聪生 ◎ 著

民主与建设出版社

· 北京 ·

图书在版编目（CIP）数据

老板为什么难当了？：中国市场发生 20 个变化 / 庄聪生著 . -- 北京：民主与建设出版社，2022.12（2024.1 重印）

ISBN 978-7-5139-4056-6

Ⅰ . ①老… Ⅱ . ①庄… Ⅲ . ①民营经济—经济发展—研究—中国 Ⅳ . ① F121.23

中国版本图书馆 CIP 数据核字（2022）第 233370 号

老板为什么难当了？：中国市场发生 20 个变化

LAOBAN WEISHENME NANDANG LE ZHONGGUO SHICHANG FASHENG 20GE BIANHUA

著　　者	庄聪生	
责任编辑	王　倩　郎培培	
封面设计	吕树猛	
出版发行	民主与建设出版社有限责任公司	
电　　话	（010）59417747　59419778	
社　　址	北京市海淀区西三环中路 10 号望海楼 E 座 7 层	
邮　　编	100142	
印　　刷	三河市天润建兴印务有限公司	
版　　次	2022 年 12 月第 1 版	
印　　次	2024 年 1 月第 2 次印刷	
开　　本	710 毫米 ×1000 毫米　　1/16	
印　　张	13.5	
字　　数	150 千字	
书　　号	ISBN 978-7-5139-4056-6	
定　　价	58.00 元	

注：如有印、装质量问题，请与出版社联系。

前言

PREFACE

习近平总书记在党的二十大报告中指出："我国发展进入战略机遇和风险挑战并存、不确定难预料因素增多的时期，各种'黑天鹅''灰犀牛'事件随时可能发生。我们必须增强忧患意识，坚持底线思维，做到居安思危、未雨绸缪，准备经受风高浪急甚至惊涛骇浪的重大考验。"

2020 年以来，一场不期而至的新冠疫情肆虐全球，造成世界经济低迷、市场严重萎缩，全球产业链、供应链发生局部断裂，经济贸易复苏艰难。在疫情反复、持续、多点散发的冲击下，我国经济领域各个行业受到不同程度的影响，民营企业首当其冲，特别是小微企业，本来就步履艰难的生产经营更加雪上加霜，有的甚至陷入前所未有的困境。

疫情要防住、经济要稳住、发展要安全，这是党中央的明确要求。当前，中国经济正面临着一系列不可忽视的新挑战，民营企业发展遇到许多困难和问题。

从国内看，中国正处在转变发展方式、优化经济结构、转换增长动力的关键时期，经济发展稳中向好、稳中加固的基本面没有变，但也面临着一系列周期性、结构性、体制性问题相互交织所带来的困难和挑战。特别是在疫情点多、面广、频发的持续冲击下，我国经济出现"需求收缩、供给冲击、预期转弱"多重压力，楼市、股市、债市、汇市风险叠加，突破关键技术瓶颈、转变发展方式、统筹疫情防控和经济社会发展任务更加艰巨繁重。

从国际看，世界经济深度衰退，国际贸易和投资大幅萎缩，国际金融市场动荡，国际交往受到限制，经济全球化遭遇逆流，单边主义和保护主义抬头，地缘政治风险不断上升，传统安全和非传统安全威胁的因素相互交织，某些偶然因素和未知因素会在突然之间影响世界经济发展。俄罗斯和乌克兰冲突的爆发，加速百年变局演变，深刻影响国际政治经济格局。我国经济发展特别是投资、消费、贸易的全面恢复仍存在许多不稳定性、不确定性因素，面临的外部环境更趋复杂严峻。

2022年初，全国工商联依托民营企业调查系统对61 683家企业调研显示，58.89%的企业受疫情影响而停过业，83.86%的企业反映疫情影响了市场需求。民营经济领域中的住宿、餐饮、娱乐、旅游、租赁和商务服务等接触性行业，疫情发生以来基本上是全行业处于亏损状态，小微企业亏损比例已经三年都在25%左右。在这种情况下，不少企业主普遍反映：生产经营越来越艰难，市场竞争越来越激烈，利润越来越单薄，老板越来越难当了。他们的焦虑、困惑和迷茫，归结起来就是一句话：民营企业特别是中小微企业如何求生存、谋发展？

当前，世界百年未有之大变局加速演进，世界之变、时代之变、历史之变正以前所未有的方式展开，这是改革开放以来从未遇到过的，给我国的现代化建设、给民营经济发展提出了一系列新课题、新挑战，直接考验广大民营企业特别是中小微企业的应变能力

和应变水平。为了帮助民营企业家深刻领会和把握党
的二十大关于促进民营经济发展壮大的重要论述精神，
在百年未有之大变局和世纪疫情交织的复杂环境下正
确认识形势，看清当前面临的一系列困难、问题和挑
战，增强机遇意识、风险意识、忧患意识和挑战意识，
准备经受风高浪急甚至惊涛骇浪的重大考验，从而提
振精神、坚定信心、保持定力、主动作为、应变克难，
本书对我国民营经济发展面临的时代、环境、阶段、
条件以及自身发展等方面发生的变化分 20 条进行全方
位分析，形成《老板为什么难当了？》一书，期望对
广大民营企业家以及准备搏击商海的创业者，主动识
变应变求变，知难而进、迎难而上，打开事业发展新
天地，能够有所启发和帮助。

目 录

CONTENTS

── 第一章　时代背景变化 ──

— **第四章　经营管理变化** —

第 一 章
时代背景变化

改革开放 40 多年来，我国经济社会快速发展，从过去的短缺经济年代走到了过剩经济年代。当前，新一轮科技革命正在全球范围内孕育兴起，以物联网、大数据、人工智能、区块链等为代表的数字经济蓬勃发展，各种新技术、新产品、新服务、新模式、新业态层出不穷。党的十八大以来，中国特色社会主义进入新时代，以习近平同志为核心的党中央根据我国新发展阶段实际，提出了"要加快构建以国内大循环为主体、国内国际双循环相互促进的新发展格局"，贯彻落实"创新、协调、绿色、开放、共享的新发展理念"，努力实现高质量发展。

1 市场环境变了

由短缺经济年代，变为过剩经济年代

　　做企业，无论是做产品还是做服务，最终都是要销给市场。我国改革开放是在贫困落后的基础上开始的。那时候，物资极其匮乏，吃饭凭粮票，穿衣靠布票，买油要油票，连买一包香烟也要烟票，无论买什么东西都是凭证购物，完全是一个供不应求的卖方市场。人们生活条件差，穿的粗布衣，住的土砖房，出门靠步行，整个社会处在短缺经济年代里。1978 年，全国约有 2.5 亿人没有解决温饱问题。

　　实行改革开放后，国家鼓励百姓经商办企业。那时，市场空间巨大，投资机会很多，需求十分旺盛，做企业相对容易，产品和服务的销路不愁。在珠三角、长三角、温州、台州和闽南等民营经济较发达的地区，几乎村村都在办企业，家家都有小作坊，有的村子多达 100 家企业。特别是邓小平同志南方谈话后，从大江南北到长城内外，掀起了一个全民创业的高潮。

党的十八大以来，以习近平同志为核心的党中央围绕优化营商环境、支持民营经济健康发展、为中小企业纾困解难等出台了一系列重要改革举措，营造良好的营商环境，增强了经济发展的活力，拓展了社会创造财富的空间。广大民营企业家以敢为人先的创新意识、锲而不舍的奋斗精神，组织带领千百万劳动者奋发努力、艰苦创业、不断创新、合法经营，成为创新创业创富的带头人。经过 40 多年的快速发展，我国民营经济从小到大、由弱到强，发展成为社会主义市场经济的重要组成部分和我国经济发展的重要基础。

我国经济保持 40 多年的持续、快速发展，已经成为"世界工厂"和全球制造业大国。1978 年改革开放时，国内生产总值只有 3679 亿元，之后连续跨越式发展，2000 年突破 10 万亿元大关，2006 年超过 20 万亿元。2010 年突破 40 万亿元，跃居世界第二位。2020 年首次站上 100 万亿元的历史新台阶。1978 年，我国经济总量居世界第十一位；2000 年超过意大利，居世界第六位；2007 年超过德国，居世界第三位；2010 年超过日本，成为世界第二大经济体。2021 年，我国国内生产总值增长到 114.4

万亿元，按年平均汇率折算，达 17.7 万亿美元，占全球经济的比重超过 18.5%。2013 年至 2021 年，我国国内生产总值年均增长 6.6%，对世界经济增长的平均贡献率达到 38.6%，超过 G7 国家贡献率的总和，是推动世界经济增长的第一动力。

改革开放前，我国工业产品生产能力十分有限。经过 40 多年的发展，主要产品的生产能力发生了根本性变化，实现了由短缺到丰富、充裕的巨大转变。2010 年，中国成为全球制造业第一大国。据中国社科院相关资料，在全球 500 多种主要工业产品中，我国有 221 种产量位居第一，包括大家比较熟悉且对经济发展发挥重要作用的一些主要工业品，如生铁、粗钢、煤炭、水泥、电解铝、精炼铜、化肥、化纤、汽车、造船等。其中粗钢、电解铝、水泥、精炼铜、船舶、计算机、空调、冰箱等产品产量都超过世界总产量的一半。多年来，我国制造业产值占全球份额的 25% 左右，连续多年居世界第一。据联合国工业发展组织资料，2014 年中国工业竞争力指数在 136 个国家中排名第七位，制造业净出口居世界首位。

从 2013 年起，我国进出口总额超过美国，成为世界第一贸易大国。根据世界贸易组织秘书处统计数据，

2013 年中国货物进出口总额为 4.16 万亿美元（其中出口额 2.21 万亿美元），与 1978 年的 167.6 亿美元相比，增长了惊人的 248 倍。2011 年，中国的彩电、手机、计算机等主要电子产品产量，占全球出货量的比重分别达到 48.8%、70.6% 和 90.6%，均名列世界第一。而在 2010 年成为世界第一制造业大国时，就为世界生产了 68% 的计算机、65% 的冰箱、80% 的空调、44% 的洗衣机、70% 的微波炉和 65% 的数码相机。除此之外，中国早已成为世界第一大服装生产国、第一大纺织品出口国、第一大鞋类出口国、第一大家具出口国、第一大食品生产国。

2019 年，我国进出口商品总额 31.54 万亿元人民币，民营企业首次超过外商投资企业，成为第一大外贸主体。2020 年，得益于我国经济社会稳定发展和疫情防控保持全球领先地位，外贸产业潜力得以充分发挥，进出口商品总额 32.16 万亿元人民币，较上年同期增长 1.9%，是全球唯一实现贸易正增长的主要经济体。2021 年，我国进出口商品总额 39.1 万亿元人民币，同比增长 21.4%，继续保持全球货物贸易第一大国的地位。

从作为我国支柱产业的房地产发生的变化，也可以看出从过去的严重缺乏变为现在的明显过剩。1978 年，城镇居民人均住房建筑面积只有 6.7 平方米，将近一半的城镇居民家庭缺房或无房。大量居民生活在很不舒适的筒子楼、大杂院、棚户区里。经过多年的快速发展，2001年城镇居民人均住房建筑面积提高到 21 平方米，是 20年前的 3 倍多；到 2019 年，人均面积达 39.8 平方米，增长了近 6 倍，每户平均拥有住房达到 1.5 套。

从房地产经营看，1995 年到 2018 年，开发投资增长了 37 倍，销售面积增长了 21 倍，销售额增长了 118 倍。我国房地产发展至今，已经出现结构性过剩了。在实际生活中，许多家庭拥有不止一套住房。

从以上发生的这些变化可以看出，在改革开放初期相当长一段时间内，我国一直处于短缺经济的状态，这种普遍性短缺为各类企业发展创造了条件，为大众创业提供了广阔的舞台，为广大民营企业家赚钱致富提供了机遇。

短缺经济是企业盈利的黄金时代。卖方市场下，企业生产什么就能卖什么，卖什么都赚钱。如果产品合格，做一些营销推广就能成为著名品牌。有一位经济学家曾经做过形象比喻，称此时市场上到处都是无人的山洞，企业随便找个洞就能当"菩萨"，自有人来进贡，赚钱很容易。企业的机会无处不在。"手术刀不如剃头刀，造导弹不如卖茶叶蛋"，是对那个遍地都是商业机会的时代的最好注脚。

很多创业者从提篮小卖、小作坊、小餐厅、小卖铺、小加工厂做起，在短短的 10 年、20 年、30 年时间里，迅速发展成为拥有几万人甚至十几万人、资产超过千亿、进入中国民营企业 500 强乃至世界企业 500 强的特大型企业。据"2021 中国民营企业 500 强"数据显示，500 强名单中，有 13 家企业营业收入超过 3000 亿元，其中，华为、京东、恒力、正威、阿里巴巴 5 家企业营业收入超过 6000 亿元；资产总额超过 1000 亿元规模的企业有 98 家。在创造中国经济奇迹的历史进程中，民营企业作出了"56789"的重大贡献，即贡献了 50% 以上的税收，60% 以上的国内生产总值，70% 以上的技术创新成果，80% 以上的城镇劳动就业，90% 以上的企业数量。

如今，40 多年过去了，我们从过去的短缺经济年代走到了现在的过剩经济年代。今天，在我国，无论东西南北中，随便走到哪里，到处都是商品琳琅满目、品种齐全、丰富多样，很多产业和领域甚至出现了严重的产能过剩和库存过大，和改革开放初期形成了鲜明的对比，完全变成了买方市场。过去，不管做什么产品，都能卖出去，都能挣到钱；而现在，无论生产什么产品都不好卖，不管投什么项目都很难挣钱。那些处于产业链低端的中小微企业，更加感到竞争力越来越弱，发展空间越来越狭窄，甚至有的企业感到"几乎支撑不下去了"。

我国经济环境发生的各种变化说明，世界上只有变化是永远不变的。当下，中国早已从短缺经济年代进入过剩经济年代，经济建设由高速增长阶段转为高质量发展阶段。时代变了、环境变了、条件变了，民营企业家的思想观念、价值取向、生产方式、商业模式，也要紧跟时代发展变化的趋势，立足新阶段，抓住新机遇，迎

图1-1　现在随处可见的琳琅满目的商品

接新挑战，适应新变化，坚持走创新驱动的发展之路，努力实现高质量发展，在推进中国式现代化进程中不断开拓新市场，创造新产品，形成新优势，作出新贡献。

2 发展理念变了

由粗放型发展理念，变为新发展理念

鸦片战争以后到中华人民共和国成立之前的 100 多年，在外国列强入侵和封建腐朽统治下，由于闭关锁国，我国错失工业革命的宝贵机遇，在时代潮流中长期掉队，中华民族遭受了前所未有的苦难。中华人民共和国成立后到改革开放之前，我们党带领全国人民开展了大规模的社会主义建设，并取得了巨大的成就。但同发达国家相比，我国经济社会发展仍比较落后，人民群众生活水平普遍较低。

实行改革开放后，邓小平同志根据我国社会主义初级阶段的实际，先后提出了许多推动改革开放和经济社会发展的重大论述。比如，要以经济建设为中心，改革是解放和发展生产力，发展是硬道理，要让一部分人先富起来，要摸着石头过河，大胆地试、大胆地闯，黑猫白猫抓到老鼠就是好猫。那时候，人们的思想观念落后，体制机制僵化。邓小平同志提出的这些重大理论，对于解放思想、冲破禁锢、实行改革开放、大力发展社会生产力，都产生了巨大而深刻的影响。

20 世纪 90 年代至 21 世纪初，针对社会主义初级阶段我国经济社会发展还比较落后的现实，以江泽民同志为核心的党中央领导集体强调，发展是党执政兴国的第一要务，发展是解决中国所有问题的关键，中国共产党必须始终代表中国先进生产力的发展要求、代表中国先进文化的前进方向、代表中国最广大人民的根本利益，要加快全面建成小康社会和推进中国特色社会主义事业，形成了全国上下聚精会神搞建设、一心一意谋发展的局面。

党的十六大以后，以胡锦涛同志为总书记的党中央明确提出了科学发展观，提出坚持以人为本，促进经济社会全面、协调、可持续发展，推进各项事业的改革和发展，强调不能以破坏环境和牺牲人民群众健康为代价来换取经济发展，要用科学发展观统领经济社会发展全局，克服片面追求数量和速度的倾向，把经济工作的重点转移到提高经济增长的质量和效益上来。

在改革开放以后相当长的一段时间里，我国经济能够保持高速发展态势，主要是得益于充分运用经济赶超时期后发优势和要素资源比较优势，释放出了巨大的经济发展活力。如今，中国经济体量早已位居世界第二，各种生产要素已经与全球经济深度融合，国内国际经济格局也出现了深刻变化，依靠低劳动力成本、低土地成本、低资金成本、低环境成本等要素投入，数量型规模扩张助推经济快速增长的要素红利时代已经告一段落。同时，在粗放型的高速增长过程中，难免出现了一些高能耗、高污染、高排放的项目，给资源和环境造成严重破坏，给人民群众的健康带来危害。

在传统生产要素边际效率递减、经济增长速度放缓、新冠疫情反复冲击的情况下，必须加快转变经济增长方式、调整经济结构，着力依靠创新驱动优化要素配置，重塑产业结构和生产组织结构，全面提升全要素生产率，进而释放组织变革的红利和制度改革的红利，以经济整体质量和效益的提升，实现中国经济可持续高质量发展。

党的十八大以来，以习近平同志为核心的党中央顺应时代和实践发展的新要求，提出"创新、协调、绿色、开放、共享的新发展理念"。新发展理念是在深刻总结国内外发展经验教训基础上提出的，是对中国特色社会主义发展规律的新认识新概括，是致力于破解发展难题、增强发展动力、厚植发展优势的治本之策，是实现更高质量、更有效率、更加公平、更可持续发展的必由之路。2021 年 1 月 28 日，习近平总书记在十九届中共中央政治局第二十七次集体学习时的讲话中指出："新发展理念是一个系统的理论体系，回答了关于发展的目的、动力、方式、路径等一系列理论和实践问题，阐明了我们党关于发展的政治立场、价值导向、发展模式、发展道路等重大政治问题。"

创新是引领发展的第一动力。当前，世纪疫情冲击下，百年变局加速演进，外部环境更趋复杂严峻和不确定。我国正处在转变发展方式、优化经济结构、转换增长动力的攻关期，结构性、体制性、周期性问题相互交织。从国内看，我国科技发展水平总体不高，科技对经济社会发展的支撑能力不足，对经济增长的贡献率远低于发达国家水平，必须依靠创新发展，把科技创新潜力更好释放出来，有效破解产能严重过剩、资源环境约束等制约经济社会发展的系列难题，加快形成以创新为主要引领和支撑的经济体系和发展模式。从全球范围看，新一轮科技革命和产业变革正在兴起，发达国家推进高起点"再工业化"，这与我国加快转变经济发展方式形成历史性交汇，为我们实施创新驱动发展战略提供了难得的重大机遇。只有紧紧依靠创新驱动，才能抓住和用好宝贵的战略机遇期，在激烈的国际竞争中赢得战略主动。党的二十大报告指出："必须坚持科技是第一生产力、人才是第一资源、创新是第一动力，深入实施科教兴国战略、人才强国战略、创新驱动发展战略，开辟发展新领域新赛道，不断塑造发展新动能新优势。"因而必须把创新摆在国家发展全局的核心位置，不断推进理论创新、制度创新、科技创新以及其他各方面创新，以创新这个引领发展的第一动力推动我国经济保持中高速增长、迈向中高端水平。

协调是持续健康发展的内在要求。 历经改革开放 40 多年的快速发展，我国正面临着一系列不平衡、不协调、不可持续的问题。我们党带领人民在创造世界瞩目发展成就的同时，也面临伴随而来的成长烦恼，如区域差距、城乡差距、贫富差距，还有物质文明和精神文明发展不同步等。协调发展因应发展失衡和不可持续而生，也是因时而动、应势而为、发挥主观能动性的自觉选择。党的二十大报告提出："促进区域协调发展。深入实施区域

15

协调发展战略、区域重大战略、主体功能区战略、新型城镇化战略，优化重大生产力布局，构建优势互补、高质量发展的区域经济布局和国土空间体系。"增强发展协调性，必须牢牢把握中国特色社会主义事业总体布局，正确处理发展中的重大关系，促进城乡、区域、经济社会等协调发展，在协调发展中拓宽发展空间，在加强薄弱领域中增强发展后劲，推动新型工业化、信息化、城镇化、农业现代化同步发展，使我国经济提质增效、行稳致远。

绿色是永续发展的必要条件和人民对美好生活追求的重要体现。在快车道上驰骋 40 多年的我国经济社会列车，相伴而来的还有城市拥堵、雾霾频发、河流污染、湖泊萎缩、生态脆弱等严峻问题。面对资源约束趋紧、环境污染严重、生态系统退化的严峻形势，必须正确处理好经济发展同生态环境保护的关系，树立尊重自然、顺应自然、保护自然的生态文明理念，以对人民群众、对子孙后代高度负责的态度和责任，下决心把环境污染治理好、把生态环境建设好，形成节约资源和保护环境的空间格局、产业结构、生产方式、生活方式。党的二十大报告提出："统筹产业结构调整、污染治理、生态保护、应对气候变化，协同推进降碳、减污、扩绿、增长，推进生态优先、节约集约、绿色低碳发展。"在绿色发展中，必须树立和践行绿水青山就是金山银山的理念，坚持节约资源和保护环境的基本国策，坚定走生产发展、生活富裕、生态良好的文明发展道路，推动形成人与自然和谐发展的现代化建设新格局。

开放是国家繁荣发展的必由之路。今天的中国，已经前所未有地与世界融合在一起。如果说改革开放以来中国创造的发展奇迹得益于对外开放，那么在高质量发展背景下中国的对外开放只会进一步扩大，没有任何理由改变。中国的开放是基本国策，必将伴随着中华民族走向现代化的全过程。中国的开放也不是独善其身，而是互利共赢，志在打造包容共享的人类命运共同体。坚持开放发展，才能赢得经济发展的主动、赢得国际竞争的主动，才能更深度融入世界经济体系、促进各国共同繁荣发展。党的二十大报告提出："中国坚持对外开放的基本国策，坚定奉行互利共赢的开放战略，不断以中国新发展为世界提供新机遇，推动建设开放型世界经济，更好惠及各国人民。"因此，必须顺应我国经济深度融入世界经济的趋势，坚定不移奉行互利共赢的开放战略，更好利用两个市场、两种资源，把我国开放型经济提升到新水平。

共享是中国特色社会主义的本质要求。"天地之大，黎元为本。"改革发展搞得成功不成功，最终的判断标准是人民是不是共同享受到了改革发展成果。坚持共享发展，必须坚持以人民为中心的发展思想，发展为了人民、发展依靠人民、发展成果由人民共享，使全体人民在共建共享发展中有更多获得感、幸福感、安全感。2021 年我国国内生产总值达到 114.4 万亿元，人均 GDP 突破 8 万元，超过世界人均 GDP 水平，实现了第一个百年奋斗目标，在中华大地上全面建成小康社会，历史性地解决了绝对贫困问题。当然，我们也要看到，当前分配不公的问题还比较突出，收入差距、城乡区域公共服务水平差距还比较大。改善民生，让人民共享发展成果，坚定不移走共同富裕的道路，是社会主义的本质要求，是社会主义制度优越性的集中体现。党的二十大报告提出："中国式现代化是全体人民共同富裕的现代化。共同富裕是中国特色社会主义的本质要求，也是一个长期的历史过程。我们坚持把实现人民对美好生活的向往作为现代化建设的出发点和落脚点，着力维护和促进社会公平正义，着力促进全体人民共同富裕，坚决防止两极分化。"因此，必须坚持人民主体地位，把人民对美好生活的向往作为奋斗目标，让改革发展成果更多更公平惠及全体人民，朝着实现全体人民共同富裕方向不断迈进。

总之，新发展理念集中体现了我们党对新的发展阶段基本特征的深刻洞察和科学把握，科学系统回答了新发展阶段我们党关于实现高质量发展的立场、方向、途径等重大问题。创新发展，就是在"后发优势""比较优势"等红利渐趋用尽情况下，从过去要素驱动、投资规模驱动发展为主转到以创新驱动发展为主上来；协调发展，注重的就是解决城乡发展不平衡、区域发展不平衡、经济社会发展不平衡，增强发展的平衡性，不让今天的"短板"变成明天的"陷阱"；绿色发展，就是要适应人们从盼温饱到盼环保、从求生存到求生态的呼声，解决人与自然和谐问题，实现绿色发展、永续发展；开放发展，就是在我国劳动力、土地、能源等传统生产要素竞争优势减弱的情况下，通过进一步提升开放型经济水平，培育国际经济合作和竞争新优势，解决发展内外联动问题；共享发展，就是要调动所有人谋发展的积极性、主动性、创造性，应对下行压力，保持中高速，迈向中高端，让民众共享改革发展成果，解决社会公平正义问题。创新发展才能避免动力衰退，协调发展才能避免失衡失重，绿色发展才能避免环境透支，开放发展才能避免画地为牢，共享发展才能避免社会动荡，要真正做到崇尚创新、注重协调、倡导绿色、厚植开放、推进共享。

在党的十九大上，习近平总书记把"坚持新的发展理念"作为新时代坚持和发展中国特色社会主义的基本方略之一。党的二十大报告提出："贯彻新发展理念是新时代我国发展壮大的必由之路。"发展理念的变化，反映了我们党对发展思路的不断认识和深化，是我国经济社会发展必须长期坚持的重要遵循，更是应对世纪疫情和

图 1-2 十八大以来，全国各地积极贯彻落实新发展理念

百年变局、化解当前我国发展风险、跨越发展陷阱的一把金钥匙。

广大民营企业家一定要看到，过去依靠资源等要素投入推动企业发展和规模扩张的粗放型方式已经无法持续，民营企业要实现突围，必须认真贯彻落实新发展理念，从要素驱动、投资规模驱动发展为主转向以创新驱动发展为主上来，自觉加大企业的技术创新、产品创新、管理创新、市场创新、制度创新和商业模式创新，坚持走绿色低碳发展道路，加快转型升级，实现高质量发展，提高企业的市场竞争力和抵御风险的能力。

3 所处时代变了

人类社会从产业技术革命，跨入数字经济时代

2020 年以来，新冠疫情使我国民营企业特别是中小微企业遭受了重创，有的甚至陷入前所未有的困境。但同时，我们也看到了另外一种情景：疫情下，智能制造、无人配送、线上零售、直播带货、医疗健康、远程办公等新兴产业和商业模式，展现出强大的成长潜力和巨大的商业活力；传统制造业中的许多企业，克服以往阻碍智能化、数字化转型的疑虑，坚定而快速地运用人工智能和大数据对企业进行改造升级，在疫情期间数周或数月内迅速实现企业的生产智能化和产品智能化，有效地拓展了市场，激发了企业活力。

新兴产业和商业模式能够在疫情下活力四射，主要得益于我国数字经济的蓬勃发展。由中国电子信息产业发展研究院发布的《中国数字经济发展现状与趋势洞察》显示，2021 年我国数字经济规模达到 37.7 万亿元，全球

图 1-3 北京力争成为全球数字经济标杆城市

规模占比仅次于美国，增速达 17.8%，位居世界第一，高于全球数字经济平均增速 7.9 个百分点。数字经济有效支撑疫情防控和经济社会发展，我国成为名副其实的数字经济大国。

当前，以信息网络技术加速创新与渗透融合为突出特征的新一轮工业革命正在全球范围内兴起，数字经济正成为全球经济增长的重要驱动力。众所周知，从原始社会到农耕文明，再到工业文明，效率是划分人类历史不同阶段的重要标准，效率的大幅跃升标志着一个新的文明时代的开始。如今，以物联网、大数据、人工智能、元宇宙等为代表的数字技术向经济社会各领域全面渗透，全球进入以万物互联、数据驱动、软件定义、平台支撑、智能主导为主要特征的数字经济时代。数字经济带来了经济效率、时间效率、劳动力效率的全面提升，成为人类文明进步的新动能。万物数字化浪潮向我们奔涌而来。现实生活中，每一个人进商店、每一个访客在网上访问、每一次言行举止，都被数字表达、存储为数据。数字不仅能标识各式各样的物品，甚至能表达行为、变化乃至思想观点。"数字化"表达的数据信息，已经成为劳动力、资本、土地、技术和企业家才能之外的新生产要素。

这次疫情在给经济发展带来冲击之时，客观上加速推动了中国进入数字经济时代。在疫情防控期间，从新业态的生长到新消费的扩展，从新就业的创造到智能化的发展，新要素层出不穷，新机遇不断涌现，新气象渐成规模，为中国经济注入强大动能。特别是疫情深刻改变了各行业对数字化的态度，数字化从"可选项"一夜之间变成了商业竞争的"必选项"，数字化进程被按下了"快进键"。过去数字技术只是让企业活得好，后疫情时代数字技术的运用将成为企业能否活下去的关键。

当前，数字经济给我国带来了前所未有的"生产生

活大爆炸"。几年前,不少人对数字经济的理解还停留于
"集市上的买卖搬到网上做";如今,物联网、大数据、
云计算、人工智能、5G、区块链、元宇宙等高新科技快
速兴起,各行各业加速向数据化、网络化、智能化方向
延伸拓展。有机构预测,2035 年中国整体数字经济规模
将接近 16 万亿美元。2007 年,中国电商交易不到全球总
额的 1%,2017 年占比超过 40%,超过美国、英国、日本、
德国、法国的总和。"十三五"时期,我国大数据产业年
均复合增长率超过 30%,2021 年产业规模超过 1 万亿元,
互联网上网人数达 10.37 亿人。

我国数字经济快速发展,数字化成果多点开花,成
为世界上最大的电子商务市场,社会消费品零售总额位
居世界前列。2020 年我国网上零售额达 11.8 万亿元,移
动支付交易规模达 432.2 万亿元,均位居全球首位。2021
年我国网上零售额达 13.1 万亿元,同比增长 14.1%。在
全球前五大智能手机品牌中,中国厂商占有三席。

目前,我国数字基础设施发展居于世界一流水平。
在数字经济发展过程中,我国高度重视基础设施建设,
经过多年的努力,建成了最大的数字基础设施网络,无
论是在数量,还是在普及率等方面,都达到了世界一流

水平。尤其在 5G 建设过程中，我国处于全球领先地位。中国所拥有的 5G 标准必要专利声明数量占比超过 38%，位列全球首位；5G 应用创新案例已超过 1 万件，是全球 5G 应用最广泛的国家。在 6G 通信技术领域，当前全球专利申请量超过 3.8 万项，其中我国专利申请量超过 1.3 万项，占比 35%，居全球第一。2022 年仅一季度，我国新建的 5G 基站就达到了 13.4 万个，5G 移动电话用户数增加 4811 万户，千兆光网具备覆盖超过 3.2 亿户家庭的能力，已建成和在建的工业互联网标识解析二级节点实现了 31 个省区市全覆盖，标识注册量突破了千亿。工业互联网标识解析体系国际根节点、国家工业互联网大数据中心等 75 个项目建成投入运行，全国"5G+工业互联网"在建项目总数达到了 2400 个。数字经济已成为中国经济增长的重要动能。

数字经济在激发经济增长新动力的同时，也为人民群众创造出看得见、摸得着、感受得到的数字化生活。比如，今天人们拿着智能手机就能走遍全国，实现吃、住、行、游、购、娱。从网络购物到无人配送，从在线教育到远程问诊，从直播带货到居家办公，这些数字化带来的新场景，正是今天中国人的生活图景。

随着所有数字产业化和所有产业数字化的发展，智能化生产新方式加快到来，平台化产业新生态迅速崛起，运用好大数据、云计算、人工智能等新一代信息技术，大力发展数字经济将会是我国抢抓第四次工业革命的重大历史机遇、谋取未来国际竞争的比较优势的重要支撑，更是广大民营企业在后疫情时代化危机为生机、打造高质量发展的新引擎。

"十四五"规划提出"要大力发展数字经济"。党的十九届四中全会首次增列数据作为生产要素。党的二十大报告提出："加快发展数字经济，促进数字经济和实体经济深度融合，打造具有国际竞争力的数字产业集群。""十四五"时期，我国数字经济将转向深化应用、规范发展、普惠共享的新阶段，企业要强化数字化思维，提升企业整体运行效率和产业链上下游协同效率，加快企业数字化转型纵深推进，推动研发设计、生产制造、经营管理、市场服务等全生命周期数字化转型，培育推广个性化定制、网络化协同等新模式。

根据《"十四五"数字经济发展规划》，数字经济的发展路径包括数字产业化和产业数字化两方面。通过数字产业化，关键技术和核心产业能够不断把消费、生产、服务过程中所创造的数据变成生产要素，从而提供新服务、新应用；通过产业数字化，推动传统企业、重点产业数字化转型，实现农业数字化和制造业智能化升级，以及生产性、生活性服务业网络化普及，从而持续利用数字技术改造并赋能三次产业。这为我国数字经济发展指明了方向、注入了动力。

习近平总书记在党的二十大报告中指出："当前，世界百年未有之大变局加速演进，新一轮科技革命和产业变革深入发展。"民营企业家要看到，数字经济，其发展速度之快、辐射范围之广、影响程度之深前所未有，正推动生产方式、生活方式和治理方式深刻变革，成为重组全球要素资源、重塑全球经济结构、改变全球竞争格局的关键力量。面对奔涌而来的数字经济时代，要积极拥抱时代潮流，乘势而上、顺势而为，抓住疫情冲击倒逼形成的新机遇，推动企业向数字化、网络化、智能化转型和创新发展。传统制造业企业更要在数字经济的坐标下重构发展战略和商业模式，创新企业文化和管理，充分发挥了解用户需求、了解行业规律的优势，实现智能化转型，促进传统产业升级，实现企业在新时代下的再腾飞。

2003 年春季非典病毒的蔓延迅速催生了一个新的行业——电子商务，由此也造就了阿里巴巴、腾讯、京东等一大批互联网企业，比非典厉害得多的新冠疫情给中国乃至全球经济发展按下了"暂停键"，但物联网、大数据、云计算、区块链、人工智能等新一代信息技术找到了新的应用场景，环境突发改变催生了新的市场需求，推动了数字经济的蓬勃发展。我们坚信，后疫情时代，我国民营企业中将产生一大批"人工智能＋互联网＋各行各业"企业，如大数据企业、远程精准医疗企业、远程精准教育企业、智能制造企业、智能交通企业等，在数字经济时代潮流中大显身手。

4 发展格局变了

由市场和资源两头在外，变为双循环新发展格局

党的二十大报告提出："必须完整、准确、全面贯彻新发展理念，坚持社会主义市场经济改革方向，坚持高水平对外开放，加快构建以国内大循环为主体、国内国际双循环相互促进的新发展格局。"这是党中央对未来我国经济发展战略、路径作出的重大调整完善，也是根据我国新发展阶段、发展任务、发展环境作出的重大战略决策。作为中国经济重要组成部分的民营企业，应当正确认识新发展格局的深刻内涵与战略重点，在重大经济发展战略调整中把握机遇、找准定位，争取自身发展的提质增效。

经济循环是由国内大循环和国际大循环组成的。一个国家是以国内大循环为主体，还是以国际大循环为主体，必须根据所处的发展阶段、环境和条件等因素来决定。党中央提出推动构建新发展格局是重塑我国国际合作和竞争新优势的战略抉择，是必然的选择，也是共赢的选择。

第一，构建双循环新发展格局是应对外部发展环境变化的客观需要。在改革开放后相当长的一段时间内，我国利用国际国内两个市场、两种资源，参与国际经济分工与合作，特别是我国在生产要素方面存在着比较优势，切入全球价值链后进行全球竞争，取得了巨大的竞争优势和成功，对经济社会快速发展发挥了重要作用。但这种市场和资源两头在外的战略，过于依赖国外市场，对国内市场开发利用不足，尤其是不能有效地用好逐步扩大的市场容量这一重要竞争优势。2020 年以来，新冠

图 1-4　利用各种方式拓宽营销渠道，扩大内需，畅通国内大循环

疫情在全球蔓延，导致世界经济低迷、全球市场萎缩，产业链供应链发生局部断裂。同时，逆全球化、单边主义和保护主义上升，国际大循环动能减弱，直接影响了我国经济内循环。环境已然发生改变，唯有以变应变。因此，必须立足自身，把发展的立足点更多放到国内来，把国内大循环畅通起来。

第二，构建双循环新发展格局是实现我国经济高质量发展的必然要求。高质量发展是新时代中国经济发展的鲜明特征。当前，我国经济正处于转变发展方式、调整经济结构、转换增长动力的攻关期，从投资驱动、要素驱动转向创新驱动。进入新发展阶段，我国经济运行特征出现了重大变化。生产要素相对优势发生转变，传统的人力成本竞争优势正在减弱，劳动力成本明显高于东南亚及其他发展中国家。资源环境承载力已经达到或接近上限，旧的生产方式难以持续，原有的市场换技术模式遇到了前所未有的阻力。同时，我国创新能力还不能适应高质量发展要求，特别是在发展核心技术方面，我们同国际先进水平的差距还比较大，科技创新链条上还存在不少卡点和堵点。实践一再证明，关键核心技术化缘要不来、花钱买不来、市场换不来，必须依靠自主创新、自立自强，才能赢得主动、赢得优势、赢得未来。新矛盾、新问题、新任务的产生，意味着过去的发展战略和模式需要重新定位和调整，必须更多依靠科技进步和创新驱动，从投资驱动向消费驱动转变，从人口红利向人才红利转变，才能实现经济高质量发展。

第三，构建双循环新发展格局是满足人民对美好生活向往的迫切需要。进入新发展阶段，人民对美好生活的向往更加强烈，已经从"有没有"转向"好不好"，需求呈现多层次、多样化、高端化、品牌化的趋势，对发展提出了新的更高要求。2021年，我国人均GDP已经超过1万美元。从一些发达国家经济发展的规律来看，发展到了这个阶段，必须逐步从外向型的发展模式转变为以内循环为主的发展模式。2021年末，我国常住人口城镇化率达到64.72%，城镇常住人口达到91 425万人，总体上进入向全面建成社会主义现代化强国迈进的新阶段。靠原有发展模式无法实现新的目标，必须更好地利用国内超大规模市场优势，把满足国内需求作为发展的出发点和落脚点，构建新发展格局，切实解决好发展不平衡不充分的问题，以务实有效的举措促进效率和公平有机统一，推动实现共同富裕，让发展成果更多更公平惠及全体人民，更好满足人民对美好生活的向往。

习近平总书记一再强调："新发展格局绝不是封闭的国内循环，而是开放的国内国际双循环。"以国内大循环为主体，并不是闭关锁国、闭门造车，并不意味着在对外开放上大幅度收缩，而是通过发挥内需潜力，畅通国内大循环，以强大的国内循环体系和稳固的基本盘，形成对全球要素资源的强大吸引力，塑造我国参与国际竞争和合作新优势，以国际循环提升国内大循环效率和水平，最终形成国内国际双循环相互促进的新发展格局。构建双循环新发展格局是未来 5 年、15 年乃至更长时期的一项重大历史任务。广大民营企业家要看到，我国构建双循环新发展格局具有三大优势：

一是规模巨大的市场优势。强大国内市场是构建新发展格局的重要支撑。14 亿的人口规模和超 4.23 亿的中等收入群体为基础的超大规模市场，是我国经济的巨大优势，是内部可循环的重要基础。一方面，居民收入持续增长。2020 年全国居民人均可支配收入超过 3 万元，比 2010 年增加一倍。2021 年全国居民人均可支配收入35 128 元，比上年实际增长 8.1%。消费规模持续扩张，2021 年，社会消费品零售总额 44.1 万亿元。另一方面，人均消费支出与发达国家相比有巨大差距；国内发达地区与落后地区、城市和农村也存在很大的消费差异；消费市场在规模不断扩大的同时，还有巨大的结构潜力有待挖掘。

二是具有全产业链的优势。目前全产业链的比较优势只有中国拥有。我国拥有 41 个工业大类、207 个工业中类、666 个工业小类，是全世界唯一拥有联合国产业分类中所列全部工业门类的国家。产业门类齐全，基础设施完善，各个行业的上中下游产业形成聚合优势，加上拥有的世界上最大规模的科技和专业技能人才队伍优势，中国成了全球的制造基地。中国产业链的综合优势，目前不仅没有国家能够替代，而且还会随着新的产业加入更加完善。对企业来说，最全产业链的优势，可以保证一个企业不管想生产什么都能在最短时间内找到需要的原材料、各种配件、物流等，不但让企业省时省事省钱，还可以让企业在最短时间内调整生产，增强企业的市场竞争力。

三是地区集聚的产业集群优势。过去 40 多年的发展，我国涌现出了众多具有鲜明特色的产业集群。例如东莞、惠州的电子产业群，佛山、中山的电器机械产业群，汕头的玩具产业群，泉州的运动服装产业群，温州的低压电器产业群，绍兴、湖州的轻纺产业群，漯河的肉食品产业群，廊坊的家居产业群，通化的医药产业群，等等。无论从南到北，还是从东到西，几乎每一个城市都有一张产业集群的"名片"。产业在一定空间范围内高度集中，有利于企业在生产成本、原材料供应、产品销售渠道和价格等方面形成一定的竞争优势，增强企业生产和销售的稳定性，提升规模经济效益和范围经济效益，提高产业和企业的市场竞争力。

对于广大民营企业，如何在实现中国式现代化进程中把握好战略机遇，积极融入双循环新发展格局之中，并扬长避短提升竞争力？这里，谈几点意见供参考。

一是广大民营企业家要提振精神，坚定在双循环新格局中的发展信心。 提振精神、坚定信心是确保民营企业行稳致远、经济稳定发展的前提条件。面对前所未有之大变局和疫情带来的巨大冲击，一些民营企业家对双循环新发展格局还存在一些模糊认识，发展信心不足，民间投资热情不高。习近平总书记多次在各种场合反复强调，广大民营企业家要正确认识形势，看到当今世界正经历百年未有之大变局，国内外环境的深刻变化既带来一系列新机遇，也带来一系列新挑战，要增强机遇和风险意识，善于转危为机，努力实现高质量发展。面向未来，我国具有全球最完整、规模最大的工业体系，强大的生产能力，完善的配套能力，数量庞大的人才队伍；我国蓬勃发展的新动能——数字经济、智能制造、生命健康这些新产业形成了新的增长极；我国经济稳中向好、长期向好的基本面没有改变，潜力足、韧性强、回旋空间大、政策工具多的基本特点没有改变。广大民营企业家要深刻把握双循环新发展格局的基本内涵，探索融入新发展格局的有效路径，找到新发展契机，在加快构建新发展格局中积极作为。

二是广大民营企业要在双循环新发展格局中坚持创新为要，塑造市场竞争新优势。创新是企业提高市场竞争力和保持企业基业长青的法宝。面对新冠疫情带来的挑战，很多民营企业因势而为、应变克难，从要素驱动转向创新驱动，成为新技术、新产业、新业态的主要推动者。民营企业要抢抓后疫情时代我国参与世界经济合作和分工、供给体系重建所带来的新机遇，在全国大市场中找准企业的定位和优势。要抢抓产业数字化大趋势，推动物联网、大数据、人工智能同各产业深度融合，为产业发展赋智、赋能、赋值，实现企业、工厂和生产线智能化、数字化。要认真组织实施装备、技术、产品、经营管理、商业模式等创新，推进设备换芯、机器换人、生产换线、产品换代，提升产业链供应链水平。要紧盯市场需求，增加品种、提升品质、打造品牌，以供给的对路赢得市场的销路、铺就发展的新路。

三是广大民营企业家要立足挖潜扩需，在主动参与和推动消费升级中抢抓先机。我国拥有全球最大最有潜力的消费市场。从趋势看，我国消费水平和品质还有很大提升空间，居民消费升级同科技、生产方式相结合，蕴含着巨大的增长空间。消费升级将带来产业升级，医疗、文化、教育、旅游、信息消费等第三产业和新兴经济领域的发展，将日益成为中国经济增长的新动能。中国潜在的巨大市场和经济发展，为民营企业带来重大的发展机遇。民营企业要顺应人民群众对美好生活的向往，主动适应消费升级带来的市场变化，不断创造适应新需求的有效供给，推出更多符合国内消费者需求的产品和服务。要用好大数据、人工智能、柔性制造等科技工具开展差异化竞争，以高质量的产品和服务培育出新的消费增长，激活生产、流通、分配和消费的源头活水，不断满足人民群众优质化、多样化、个性化、高端化的消费需求。

5 市场空间变了

由单一的国内市场，变为开放的全球市场

以前，很多民营企业从小商小贩做起，在家门口摆地摊，走街串巷、沿街叫卖，经过原始积累一步一步做大；不少企业从家庭小作坊、小卖铺开始发展，逐渐把生意从一个县做到一个省，再做到全国范围，甚至做成了行业的龙头老大。如四川刘永好四兄弟，从养鹌鹑到做饲料，再到搞现代农业，逐渐成为大型民营农业企业，现已是一个集多行业于一体的多元化跨国集团公司。新疆特变电工原是一家街道小厂改制的企业，经过30多年的发展，目前已经成为为全球能源事业提供系统解决方案的服务商，在全球70多个国家承接了电网、水电站、太阳能发电站等工程项目，把节能化、智能化、自动化电力建设的技术、标准和经验送到世界各地。

这些年，随着经济全球化的快速发展，商品、信息、技术、资本、管理、服务、人才等生产要素在全球广泛流动，特别是中国加入世贸组织以来，我国对外开放不断推进，现在又建立了一大批经济自由贸易区。当前，我国对外开放程度越来越高，日益融入经济全球化和区域经济一体化的进程，为我国各类企业发展提供了更加广阔的发展空间。许多民营企业不再满足在国内发展，而是积极"走出去"，利用国内国外两个市场、两种资源，发展成为国际化、全球化的跨国大公司。如福耀集团是全球最大的汽车玻璃供应商之一，已在 11 个国家及地区建立现代化生产基地和商务机构，并在中美德设立 6 个设计中心。

江苏亨通集团坚持"看着世界地图做企业，利用海外市场走出去"，拉开了企业全球化运营新格局。2018 年，亨通为马尔代夫在"千岛之国"成功敷设了总长度为 1115 千米的海底高速光缆，把马尔代夫 6 座主岛全部连接起来，助力该国由 2G 时代跃升到 4G 时代；在马来西亚，亨通成功交付里海海洋通信工程超长海光缆系统，填补了该国的空白；在泰国，亨通与本地运营商合作实施光纤到户（FTTH）工程，使宽带接入系统在泰国全境得到全面推广；在土耳其，亨通是国内首家以光纤光缆产品入围的供应商，海缆产品成功交付里海项目；在南非，亨通并购了该国最大的线缆制造商——阿伯代尔公司，发展成为南非国家电力公司最大的线缆供应商。

2013年下半年，习近平总书记提出共建"丝绸之路经济带"和"21世纪海上丝绸之路"的倡议。"一带一路"沿线涉及65个国家，人口约占全球总人口的63%，年生产总值约占全球经济总量的29%。这些国家资源禀赋各异，经济发展后发优势强劲，与我国经济具有良好的互补性，彼此合作潜力和空间很大，为我国企业"走出去"发展提供了重大机遇和巨大发展空间。

我国民营企业积极响应中央号召，坚持以市场为导向，以项目为载体，积极参与国际竞争和全球资源配置，

图1-5　中欧班列成为深化我国与"一带一路"沿线国家经贸合作的重要载体

是参与"一带一路"建设的重要力量。在全球疫情蔓延、国际贸易受挫的大背景下，民营企业迎难而上、奋发有为，发挥自身独特优势，推动共建"一带一路"高质量发展。目前，民营企业在"一带一路"沿线国家投资的各类企业超过 2 万家，占中国投资企业总数的 90%。这些企业主要是进行产能转移与合作、建设工业园区、并购先进品牌技术、购买重要战略资源、承包重大建设工程和项目等，已经探索出建立境外经贸合作区、建设工业园区、开展产能和技术合作、设立研发中心、建立营销网络等多条路径。

据统计，2018 年，我国民营企业对外投资占全部对外投资的 2/3，海外并购占 3/4，已经超过国有企业在"一带一路"中的投资总量。在过去几年间，深圳和上海两市有超过 1000 家上市公司在"一带一路"沿线国家投资，其中民营企业 500 多家，几乎与国有企业平分秋色。参与方式从最初的产品输出到现在的落地生根与合作共赢。海外业务涉及建筑、能源、汽车、通信、环保、农业、钢铁、交通运输、电气设备、信息技术、有色金属等众多行业和领域，已经成为推动共建"一带一路"走深走实的生力军。根据全国工商联发布的《中国民营企

业 500 强调研分析报告》，2014 年，在"一带一路"倡议
提出初期，中国民营企业 500 强中参与"一带一路"建
设的企业数量为 65 家，至 2019 年，这一数据增长了近
两倍，上升为 191 家。其中 167 家企业参与了"丝绸之
路经济带"（"一带"）建设，126 家企业参与了"21 世
纪海上丝绸之路"（"一路"）建设。2020 年，民营企业
500 强中有 191 家参与"一带一路"建设，与上年基本持
平。民营企业 500 强开展海外投资的企业有 229 家，海
外投资项目（企业）1815 项（家），实现海外收入（不含
出口）8 305.49 亿美元。

在"一带一路"沿线国家投资并取得明显成效的，
主要有华为、三一、吉利、比亚迪、正泰、亨通、大疆、
长城、福耀、广信、红豆、复星、华凌、华坚、TCL、
华立、特变电工、宝鹰等一大批民营企业。浙江华立集
团在泰国、印度、乌兹别克斯坦等国投资建立了各类产
业的生产基地。在泰国建设的泰中罗勇工业园，是中国
商务部首批认可的境外经贸合作区，园区总面积 12 平方
千米，迄今已有超过 100 家企业入驻，创造 3.3 万多个就
业岗位，带动中国企业对泰国直接投资已超过 30 亿美元，
成为中国企业在东盟的最大产业集群地。江苏红豆集团在

柬埔寨建设的西哈努克港经济特区，占地面积 11.13 平方千米，吸引了中国、欧美、东盟等国家及地区的入驻企业 160 多家，解决就业 3 万多人。目前，西港特区内的总产值对当地经济贡献率超过 50%。西港特区不仅是柬埔寨国家规模最大、发展最好的经济特区，也是"一带一路"上的标志性项目，得到中柬两国领导人的高度评价，被称为"中柬务实合作的样板"。

三一集团自"一带一路"倡议提出以来，国际化业务迎来最好发展时期。该集团并购德国普茨迈斯特公司后，与奥地利帕尔菲格集团成立合资公司，深度整合海外销售网络。2016 年，公司 70% 至 80% 的销售市场在"一带一路"这条世界跨度最长的经济走廊上。通过在"一带一路"的精耕细作，三一重工 2018 年海外销售超过 150 亿元。2019 年，三一重工在德国、美国、印度等全球多个国家有 15 个工厂，在 70 多个国家和地区建立了办事机构和销售渠道，产品出口 100 多个国家和地区。其中在美国工厂占地 0.8 平方千米、印度和德国的工厂占地超过 0.4 平方千米。

华坚集团在国家"走出去"政策的指导下，从 2011 年开始到非洲埃塞俄比亚投资，2012 年建成埃塞俄比亚东方工业园区，使得当地皮革产品大幅增长，创造了非洲最穷国家生产出美国最主流的女鞋的神话，成为埃塞俄比亚最大的出口企业。2016 年，华坚在埃塞俄比亚已有当地员工 4200 人、6 条生产线及鞋材厂，年出口女鞋达 240 万双，平均利润率为 10%。为了进一步把产业做大，华坚集团总投资 32 亿美元，在亚的斯亚贝巴建设国际轻工业城，打造广东与非洲产业合作高端平台，推动更多粤企走向非洲、投资非洲。占地总面积达 1.37 平方千米，建筑面积 160 万平方米，产城一体的"华坚国际轻工业园"于 2020 年建设完成，每年可创汇 20 亿美元，同时可带动国内制鞋业到园区集群发展。

特别值得一提的是，民营企业在国际贸易中彰显出强大的活力和巨大的潜力。2019 年，有进出口实绩的民营企业达到 40.6 万家，进出口总额 13.48 万亿元，占我国外贸总值的 42.7%，拉动外贸增长 4.5 个百分点，第一次超过外商投资企业，成为我国第一大外贸主体。

2020 年发生的新冠疫情，给全球贸易带来巨大冲击。在疫情大考中，民营企业迎难而上，充分发挥生产经营灵活的优势，积极开拓国际市场，展现出我国外贸发展的韧性和内生动力，进出口贸易逆势增长。2020

年民营企业进出口总额 14.98 万亿元，占我国外贸总值的 46.6%。2021 年，面对复杂严峻的国际环境和新冠疫情两年多的严重冲击，民营企业进出口总额比上年增长 26.7%，占我国进出口总额的比重为 48.6%，对外贸增长的贡献度达到了 58.2%。2022 年 1-9 月全国进出口总额（按美元计）同比增长 8.6%，其中民营企业增长 12.6%，占全国的比重为 50.3%；全国出口总额同比增长 12.5%，其中民营企业增长 17.6%，占全国的比重为 60.1%；全国贸易顺差总额 6452 亿美元，其中民营企业顺差 8527 亿美元，占比 132.2%。

党的二十大报告提出："推进高水平对外开放。依托我国超大规模市场优势，以国内大循环吸引全球资源要素，增强国内国际两个市场两种资源联动效应，提升贸易投资合作质量和水平。"我国广大民营企业家必须看到，具有国际视野，是新时代企业家精神的拓展。要充分认识经济全球化带来的深刻变化，主动顺应这一趋势，摒弃小农意识，拓展国际视野，树立跨国思维，培育国际经营人才，了解国际市场规则，实施国际化战略和资本运营。当前，尽管经济全球化遭遇逆流，加上世纪疫情的冲击，贸易单边主义、保护主义明显抬头，经贸摩擦加剧，不确定不稳定因素持续增加，但全球经济一体化、贸易便利化的大趋势不可阻挡。要立足中国，放眼世界，用全球化的视野来看待市场资源、产品销售与产业链状态，提高把握国际市场动向和需求特点的能力、把握国际规则的能力、国际市场开拓的能力、防范国际市场风险的能力。

在企业实施国际化战略中，一方面要继续积极"引进来"，大力引进资金、技术、先进管理经验和高素质人才，为增强我国经济、科技实力提供有力支持；另一方面要主动"走出去"，积极参与"一带一路"建设，广泛开展与国际知名企业、跨国公司和民间组织的交流与合作，充分利用国际国内两种资源、两个市场发展，使企业不仅成为国内的知名企业，而且成为全球化的跨国公司。同时，要带动其他企业在更高水平的对外开放中实现更好发展，促进国内国际双循环，为提高我国对外开放水平、增强国际竞争力发挥积极作用。

在开展对外经济交流交往中，要注重软实力建设和品牌战略实施。在全球化的今天，企业和企业家愈发成为传递软实力的重要主体。民营企业在"走出去"的过程中成为促进民心相通、推动民间外交的重要力量。提升中国民营企业品牌影响力和软实力，打造有内核、有竞争力的企业，有利于提高中国产品的可信赖度和美誉度。在"一带一路"建设中，企业在保障经济利益、输出产品和技术的同时，应做到企业品牌的打造和提升，重视人文交流和对当地社区的融入，注重企业海外形象塑造，逐步形成国际化的品牌效应。

随着民营企业成为国际舞台上日益活跃的行为主体，要高度重视企业创新和企业社会责任，充分发挥创新的主体作用，重视产品、技术、制度和理念的创新。同时，要注重履行社会责任，融入东道国的发展战略，将企业发展与保护生态环境、安置就业、增加社会福祉等目标相结合，积极履行企业社会责任，为保护"一带一路"沿线国家人民的生命健康作出贡献。

第 二 章
营商环境变化

　　党的十八大以来，党中央加大反腐败力度，严惩官商勾结、钱权交易和不担当、不作为、乱作为等问题，推进全面依法治国，大力实施简政放权，深化"放管服"改革，打破影响民营经济发展的体制机制障碍，清除妨碍市场公平竞争的各种规定，积极构建亲清新型政商关系，努力打造市场化、法治化、国际化营商环境。民营企业家必须增强发展信心、保持定力，树立机遇意识、风险意识和忧患意识，主动作为、应变克难，坚定不移走生态优先、绿色低碳和"专精特新"发展道路，在冲击中找机遇，在困境中谋发展。

1 法治环境变了

由胆子经济，变为法治经济和信用经济

我国绝大多数民营企业是在过去法治不健全和低制度化环境下发展起来的。一些人在总结他们的创业经历时，都有"胆大、敢拼、不怕风险"的体会。

那时，流行一句"见到绿灯加速走，见到黄灯抢着走，见到红灯绕着走"的话。这就是这些人的真实写照。他们经常打制度的擦边球，踩政策的红线，甚至钻法律的空子。有的人喜欢"走夜路""甩红包""剑走偏锋"；有的人信奉"大胆就能赚钱、关系就是资源"；有的人"信钱不信法、信权不信法、信访不信法"。他们常常通过拉关系、找门路发展企业，有的甚至不惜用重金贿赂权力来获得非法利益。有的不法商人为谋取非法利益，恶意"围猎"党政干部，甚至给官员设局下套。如重庆永煌实业有限公司不法商人肖烨，采取以女员工色诱等非法手段"做局、设局、围猎"，偷拍不雅视频并以此要挟敲诈 21 名公职人员，索取他人巨额财物，为公司获取不少工程项目，谋取巨额非法利益，被法院以敲诈勒索罪判处有期徒刑十年。

还有极少数不法商人完全无视法律底线，疯狂涉黑涉暴，谋求非法利益。如四川省汉龙集团董事局主席刘汉为了攫取利益，千方百计拉拢腐蚀国家工作人员，甚至不顾法律底线和道德底线，通过官商勾结、涉黑涉暴构建"保护伞"和"安全网"，巩固和扩张其社会影响，在四川广汉、绵阳、什邡等地及部分行业组成黑恶势力，称霸一方、无恶不作，涉及多起故意杀人、伤害案件等，最终受到法律的严惩。为什么有个别老板总感到头上悬着一把达摩克利斯之剑，就是因为在以前的发展过程中做过不合规、不合法的事。

大家知道，企业主拥有大量社会资本和要素资源，一旦与权力相勾结，在少数党政干部腐败犯罪活动中推波助澜，就很容易造成恶劣的社会影响，损害国家经济利益，扰乱经济秩序，败坏政商关系，不仅严重影响民营经济发展环境和民营企业家形象，而且严重影响党风政风，侵蚀党的执政基础。

当然，少数企业主违法犯罪成因复杂，主观因素固然是其根本原因，但民营经济发展环境问题也不容忽视。

由于长期以来市场在资源配置中尚未发挥决定性作用，民营企业在市场准入、产业扶持、税收优惠、金融支持等方面面临不平等、不公平的待遇，企业不得不通过金钱铺路，获取要素支持；一些政府部门掌握着大量的行政审批权、管理权、处罚权，少数执法人员滥用权力，为企业设置障碍，导致一些企业被动卷入贪腐案件；我国法治体系还不健全，在立法、执法和司法等领域缺少对民营企业的平等保护，特别是在少数地方，由于司法、执法不公正，迫使企业在维护自身合法权益时"剑走偏锋"，走上违法犯罪道路。

党的十八大以来，党中央加大反腐败力度，坚持无禁区、全覆盖、零容忍，"打虎""拍蝇""猎狐"多管齐下，对官商勾结问题发现一起查处一起，严厉惩罚了一大批腐败分子和不法商人，反腐败斗争取得压倒性胜利，产生了极大的震慑作用。现在，随着全面依法治国的不断推进，许多法律法规越来越健全，政策越来越完善，政务活动越来越规范，绝大多数党政干部与企业家交往能够守规矩、讲分寸，做到"工作联系等距离，企业服务零距离，私人交往远距离"。

许多地方为了激发市场活力，努力打造市场化、法治化、国际化营商环境，大力推进简政放权，推行审批服务"马上办、网上办、就近办、一次办"，深入实施"互联网＋政务服务"。现在，不少政府的行政审批事项少了，该取消的取消、该下放的下放。可以说，随着全面深化改革的不断推进，特别是"放管服"力度的加大，各级政府的政务活动越来越公开透明，公平竞争的市场氛围越来越浓厚，权力寻租的机会越来越少，某些人钻空子的机会越来越少。

习近平总书记指出，守法经营，这是任何企业都必须遵守的一个大原则。公有制企业也好，非公有制企业也好，各类企业都要把守法诚信作为安身立命之本。法律底线不能破，偷税漏税、走私贩私、制假贩假等违法的事情坚决不做，偷工减料、缺斤短两、质次价高的亏心事坚决不做。许多民营企业家都是创业成功人士，是社会公众人物，是有头有脸的人物，要十分珍视和维护好自身社会形象。

但是，目前仍然有少数人留恋过去的潜规则，靠拉关系办事情，没有跟上时代发展的步伐。民营企业家一定要认识到，社会主义市场经济是法治经济、信用经济，必须把守法诚信作为安身立命之本，坚持契约精神，做到讲诚信、守信用、重信誉。

　　诚实守信是中华民族的传统美德，是企业家的道德底线。人无信不立，业无信不兴。我国历来有"商道即人道"的说法，强调不论是为人处世还是经商办企业，都要讲诚信、守信用。特别是在社会主义市场经济条件下，契约精神、守约观念是现代经济活动的重要意识规范，是不可或缺的资源和要素。诚实的实质是货真价实，童叟无欺，待客平等，优质服务。企业家要继承中华优秀商业文明，树立诚信理念，自觉强化信用管理，培育诚信经营的企业文化，坚持"义利兼顾、以义为先"。要以高度的责任感面向社会，以严格的自律应对市场，以良好的信誉提高竞争力，推动形成与社会主义市场经济相适应、与中华民族传统美德相承接的道德规范和行为规范，展现新时代企业家的良好精神风貌。

　　社会主义市场经济是法治经济，依法经营是社会主义市场经济健康运行的内在要求。每一个企业家都要强化法治观念，把遵纪守法作为安身立命之本，自觉增强法治意识，做到遵法、学法、知法、守法、用法，坚持依法经营、依法治企、依法维权。事实证明，诚信是企业最大的金字招牌，守法是对企业和企业家最有效的保护，守法诚信才是企业长远发展之道。要做到遵纪守法

图 2-1　各级部门举办法律咨询活动，促进营商环境改善

办企业、光明正大搞经营，公平参与市场竞争，在合法合规中提高企业的业界公信力、社会影响力、市场竞争力。要遵守国家的财政税收、环境保护、安全生产、产品质量和劳动保护等政策法规，遵循市场规则和行业规范，维护正常的经济秩序。要讲正气、走正道，"不踩雷区、不碰红线"，依法依规约束政商交往行为，保持清白纯洁的"君子之交"，不采取非法手段谋取不正当利益，自觉抵制官商勾结、权钱交易、利益输送，做构建亲清新型政商关系的推进者和实践者。

广大民营企业家一定要看到，党的十八大以来，随着全面深化改革的不断推进，影响民营经济发展的各种体制机制障碍不断被打破，妨碍市场公平竞争的各种规定和做法不断被清除，我国营商环境不断得到优化。世界银行发布的 2020 年营商环境报告显示，中国在全球 190 个经济体当中，2019 年排名从第 78 位上升到第 46 位，2020 年又跃升到第 31 位，成为营商环境改善幅度最大的经济体。

我国许多民营企业能够自觉遵纪守法，做到依法合规诚信经营。从全国工商联发布的《2021 中国民营企业 500 强调研分析报告》中可以看出，有 457 家企业已建立健全法律风险控制体系和预警防范机制，448 家企业已形成讲法治、讲规则、讲诚信的企业法治文化，423 家企业已推进厂务公开和民主管理。民营企业 500 强持续深化企业信用建设，建立企业诚信文化、建立企业信用制度体系的企业数量分别为 472 家、436 家，占 500 强的 94.4%、87.2%。已建立守法合规经营制度、预防财务违规制度、遵守商业道德制度的 500 强企业数量分别为 450 家、422 家、395 家，占 500 强的 90%、84.4%、79%。

党的二十大报告指出："加快建设法治社会。……弘扬社会主义法治精神，传承中华优秀传统法律文化，引导全体人民做社会主义法治的忠实崇尚者、自觉遵守者、坚定捍卫者。"目前,我国的营商环境越来越好,进入了最好的历史时期,为广大民营企业家发挥聪明才智提供了更加广阔的舞台和机遇。民营企业家一定要按照党中央的要求,努力摈弃靠关系、靠门路和"法外施恩"的旧观念,坚持走正门、干正事,不搞歪门邪道,自觉抵制官商勾结、权钱交易。要加快技术、产品、管理、制度和商业模式等创新,实现转型升级,培育以创新驱动为核心的竞争新优势,由靠关系转为靠实力发展,做遵纪守法、诚信经营的模范。

2 政商关系变了

由亲而不清和清而不亲，变成了又亲又清

政商关系是一个十分复杂的社会关系，涉及政治、经济、文化和社会等方面，对于营造良好的政治生态、经济生态和社会生态，促进民营经济健康发展和民营企业家健康成长，具有重大作用。

改革开放以来，随着各项改革措施的不断推进，特别是政府与市场关系的不断理顺，各级党政干部积极帮助民营企业解决各种困难和问题，推动民营经济持续健康发展，我国的政商关系总体上处于良性互动的状态。

但党的十八大以前，我国正处于全面深化改革、经济转型升级和社会转轨的关键阶段，涉及体制机制的深层次问题和矛盾还没有解决，市场配置资源的决定性作用未能充分发挥，企业市场主体地位尚未完全体现，在一些地方、一些行业、一些部门、一些领域不同程度存在着官商勾结、权钱交易、权色交易、利益输送等不健康、不正常的政商关系。

　　比如，一些公职人员尤其是少数党政领导干部理想信念缺失，利用手中权力，大搞以权谋私，向民营企业索贿受贿，败坏了党风、政风和社会风气。还比如，有些企业主为了谋求各种利益，主动行贿、收买和拉拢腐蚀甚至是绑架、"围猎"党政干部，成为危害政商关系的始作俑者。

　　营商环境是一个国家、一个地区的软实力、生产力和竞争力。营商环境的好坏，一定程度上是经济发展的"风向标"和"晴雨表"，哪里营商环境好，资金就往哪里流、项目就在哪里建、人才就往哪里走。今天评估一个地区营商环境的优劣，不仅要看税费高低，土地、劳动力、水电和物流等硬成本是不是有竞争力，还要考量跟政府打交道的成本及各种制度性交易成本，等等。

　　"水深则鱼悦，城强则贾兴。"优化营商环境有利于解放生产力、提高竞争力。党的十八大以来，习近平总书记高度重视优化营商环境，多次要求营造稳定、公平、透明、可预期的营商环境，强调要以优化营商环境为基础，全面深化改革。党中央、国务院加大优化营商环境顶层设计力度，从深化"放管服"改革、推出市场负面清单、强力减税降费，到加强与国际通行经贸规则对接、出台《外商投资法》、进一步扩大开放，再到建设现代化经济体系、打造竞争新优势、促进高质量发展，打出优化营商环境的系列"组合拳"。目前，我国营商环境正在大幅改善、总体向好，形成了各地竞相改善营商环境的可喜局面。

近年来，不少省区市主动瞄准"国际一流"定位，推动营商环境改善取得明显成效。北京加大支持企业力度、全流程提高审批效率；上海出台地方性法规、构建覆盖企业全生命周期的服务体系；广州突出以市场主体感受作为首要评价标准、建立以企业满意度为导向的多维度监测机制。还有许多地方为激发市场活力，围绕破解营商环境的堵点、痛点和难点，打造手续最简、环节最少、成本最低、效率最高的"四最"营商环境。大力推进简政放权，推行审批服务，采取"马上办、网上办、就近办、一次办"，深入实施"互联网＋政务服务"，实现了从"大厅办"到"现场办""掌上办"，从"群众跑"到"数据跑""工作人员跑"，从"多个门办一件事"到"一窗通办""一网通办"的转变。

目前，政府的行政审批事项少了，该取消的取消、该下放的下放；到政府部门办事，不用反复跑、来回跑了；企业注册登记手续简便了，营业执照、税务登记实行"多证合一"。良好的营商环境为广大民营企业家发挥聪明才智提供了广阔的舞台。据统计，2012 年以来，我国市场主体年均净增长超 1000 万户，活跃度总体稳定在 70% 左右，企业开办时间已经由平均 22.9 天压缩到 4 个工作日以内，不断优化的营商环境在其中起到了重要作用。

当然，这几年也有不少企业反映，少数干部不担责不作为，还有一些仍然存在乱作为。当前不作为现象，主要是"脸好看、门好进、事难办"。有些公职人员对民营企业采取"软拒绝、踢皮球、打太极拳"的办法，能推就推、能躲则躲，怕接触、怕担责、怕举报，不愿与企业家联系交往；有的虽然见了企业家满脸堆笑、客客气气，但就是不拍板、不办事；有的抱着只要不出事、宁可不做事的心态，用不干避过和少干避过。这种不作为、不担当、不与企业家交往的现象，同样扭曲了正常的政商关系。有人把它形容为"过去的'勾肩搭背'变成了'背对着背'"。

同时，还有乱作为的问题，少数基层执法人员仍然"无利不起早"，潜规则仍有市场，"吃拿卡要"的现象在有些行业和领域依然存在，而且手段更加隐蔽。选择性执法和滥用自由裁量权的问题时有发生，企业遭遇这些情况时，只能无奈地发出"上面很好，下面好狠"的感叹。

因此，如何处理好政商关系，成为不少党政干部和民营企业家普遍面临的一道难题，也成为社会普遍关注的一个热点问题。

2016年3月4日，习近平总书记在全国政协十二届四次会议民建、工商联界委员联组会上讲话，提出构建亲清新型政商关系的要求。他指出，新型政商关系概括起来，就是"亲""清"两个字。对领导干部而言，所谓"亲"，就是要坦荡真诚同民营企业接触交往，特别是在民营企业遇到困难和问题的情况下更要积极作为、靠前服务，对非公有制经济人士多关注、多谈心、多引导，帮助解决实际困难，真心实意支持民营经济发展。所谓"清"，就是同民营企业家的关系要清白、纯洁，不能有贪心私心，不能以权谋私，不能搞权钱交易。对民营企业家而言，所谓"亲"，就是积极主动同各级党委和政府及部门多沟通多交流，讲真话、说实情、建诤言，满腔热情支持地方发展。所谓"清"，就是要洁身自好、走正道，做到遵纪守法办企业、光明正大搞经营。

2018 年 11 月 1 日，习近平总书记在民营企业家座谈会上指出，各级党委和政府要把构建亲清新型政商关系的要求落到实处，把支持民营企业发展作为一项重要任务，花更多时间和精力关心民营企业发展、民营企业家成长，不能成为挂在嘴边的口号。各相关部门和地方的主要负责同志要经常听取民营企业的意见和诉求，特别是在民营企业遇到困难和问题的情况下更要积极作为、靠前服务，帮助解决实际困难。

2020 年 7 月 21 日，习近平总书记再次强调，各级领导干部要光明磊落同企业交往，了解企业家所思所想、所困所惑，涉企政策制定要多听企业家意见和建议，同时要坚决防止权钱交易、商业贿赂等问题损害政商关系和营商环境。

近几年，各地党委政府贯彻落实习近平总书记重要讲话精神，采取各种方式推动构建新型政商关系，如召开党委常委会、民营经济发展大会、民营企业家座谈会和举办培训班等，因地制宜、多措并举。目前，全国绝大多数省区市都出台了推动构建新型政商关系的文件，列出政商交往正面清单和负面清单，从优化服务、联系企业、规范交往行为、减轻企业负担、强化监督执纪问责等方面对政商交往提出了要求。正面清单明确公务员必须履行的职责，而负面清单明确严格禁止的底线，解除他们与企业接触的后顾之忧，让党政干部堂堂正正走进民营企业，干干净净与企业家进行接触交往，把帮助企业解决问题放到阳光下、台面上去做。同时，各地加大对党政干部的监督管理力度，干部规矩意识不断增强，在与民营企业家交往中能够守规矩、讲分寸。民营企业家普遍反映，当前政商交往正在变得清白、透明，"清"的理念不断深入人心，"亲"的氛围不断增强，政商交往的新风尚、新气象正在形成。

为贯彻习近平总书记构建新型政商关系的重要讲话精神，各地近年来在构建亲清政商关系方面进行了积极探索，并且取得了明显的成效。许多地方党委政府建立覆盖面广、互动经常的政商沟通机制，探索建立党委政府与商会、企业沟通联系机制，定期召开会议，打造企业家与政府直接对话的平台，健全企业诉求的收集、处理、督办、反馈制度，使民营企业特别是中小微企业反映问题、解决困难有途径。不少地方党委政府主要领导同志定期召开或参加民营企业家座谈会，鼓励党政干部

图 2-2　成都市启动亲清在线平台，构建覆盖企业全生命周期服务体系

参加商会的重要活动。还有一些地方充分依托工商联组织等政企沟通平台，开展政策第三方评估，为党委政府决策提供参考，提高政策精准度。同时，积极回应企业诉求，搭建民营企业诉求响应智慧平台，让数据多跑腿，让企业少跑路，实现政企良性高效互动，做到"四有"：有诉必应、有求必应、有问必答、有难必帮。

打造良好营商环境和构建亲清新型政商关系，主要矛盾在政府一方。但是，一个巴掌拍不响，没有广大市场主体和企业家遵纪守法、诚实经营，优化营商环境和构建亲清政商关系也搞不好。我国的民营经济是在过去法治不健全和低制度化水平下发展起来的。现在，随着反腐败力度加大和全面依法治国、全面深化改革的不断推进，法律法规越来越健全，政务活动越来越公开透明，公平竞争的市场氛围越来越浓厚。民营企业家要把守法诚信作为安身立命之本，坚持契约精神，做到讲诚信、守信用、重信誉，在经营管理中不越规矩、不破底线。

在处理政商关系方面，要严格自律，坚守道德底线，洁身自好，一身正气走正道，光明正大搞经营，不搞歪门邪道，不采取非法手段谋取不正当利益，树立自身良好社会形象，努力维护公平竞争的法治环境、社会环境和市场环境；要落实新发展理念，坚守主业、做精主业，坚持自主创新，加快技术、产品、管理、制度和商业模式等创新，实现转型升级，培育以创新驱动为核心的竞争新优势，由"找市长"转为"找市场"，由"靠关系"转为"靠实力"发展，彻底摆脱对官员不正当关系的依赖，自觉抵制官商勾结、权钱交易；要自觉增强法治理念，提升依法治企意识、守法经营素养和防控法律风险能力，做到依法治企、依法经营、依法维权。

同时，民营企业家要积极主动同各级党委政府及部门多沟通多交流，讲真话、说实情、建诤言，积极高效履行社会责任，满腔热情支持地方发展。要配合政府把改善营商环境工作做细做实做到位，共同建设营商环境的"生态湿地"，吸引更多的企业候鸟近悦远来，以企业现代化管理理念的成效促进社会现代化管理水平的提升，做构建新型政商关系的积极推进者和实践者。

　　党的二十大报告提出："全面构建亲清政商关系，促进非公有制经济健康发展和非公有制经济人士健康成长。"构建亲清政商关系，打造良好营商环境，只有更好，没有最好！构建亲清政商关系、优化营商环境是一个系统工程，也是一个渐进过程，没有"休止符"，永远在路上。各级党委政府要对标国际标准，对标市场需求，对标企业家期待，积极构建亲清政商关系，不断破解营商环境的堵点、痛点和难点。要牢固树立攻坚意识，以刀刃向内的态度推动改革，以制度创新带动经济创新，涵养营商环境的"清新空气"。要牢固树立规则意识，认真落实竞争公平原则，坚决破除"卷帘门""玻璃门""旋转门"，切实做到"权利平等、机会平等、规则平等"。要牢固树立服务意识，既要以"自己人"的真诚心态招商引资，也要以"俯下身"的实际行动亲商留资，让企业家真正有投资便利感、政策获得感、财产安全感，永葆"千帆竞发、百舸争流"的奋斗姿态。

40 多年民营经济发展的实践证明：构建亲清政商关系是促进经济社会发展的前提和条件。哪个地方亲商重商安商，哪个地方经济就健康发展；哪个地方重视民营企业，哪个地方市场就繁荣稳定；哪个地方民企兴旺发达，哪个地方百姓就富裕幸福。

3 发展环境变了

企业由正常生存，变为必须学会在危机中求生存

　　我国的民营企业特别是中小微企业，具有生产经营规模小、产业层次比较低、抗风险能力弱、成本敏感程度高的特点。长期以来，在党的鼓励、支持民营经济发展政策的指引下，特别是随着我国营商环境的不断改善，民营经济发展经历了从无到有、从小到大、由弱到强的发展历程。截至 2022 年 9 月底，民营经济市场主体超过1.57 亿户，其中私营企业 4740.8 万户、个体工商户 1.1亿户，占市场主体总量的 92% 以上。

　　如今，我国民营经济在经济社会发展中的地位举足轻重，已经成为强国的经济、富民的经济、创新的经济、活力的经济、开放的经济和担当的经济，在稳定增长、促进创新、增加就业、改善民生、实现共同富裕等方面发挥了重要作用，是稳定经济的重要基础、创业就业的主要领域、技术创新的重要主体、国家税收的重要来源、金融发展的重要依托，是推动我国发展不可或缺的重要力量。

　　我国经济进入新常态以来，民营企业发展普遍面临市场需求不旺、投资回报率低、生产要素成本上升较快、融资难融资贵、税费负担比较重、资源环境硬约束增大、制度性交易成本高等困难和问题，民间投资比较低迷，民营企业家发展预期和信心不足。2018 年 11 月 1 日，习近平总书记在民营企业座谈会上指出，一些民营企业在经营发展中遇到不少困难和问题，有的民营企业家形容为遇到了"三座大山"：市场的冰山、融资的高山、转型的火山。世纪疫情冲击下，百年变局加速演进，外部环境更趋复杂严峻和不确定。我国经济发展面临"需求收缩、供给冲击、预期转弱"三重压力。

　　在上述情况下，民营经济又遭遇到四重冲击：

　　一是疫情持续反复的冲击。受疫情影响，包括民营企业在内的我国各个经济领域，特别是小微企业遭受了重创，受影响面超过 80%，有的甚至陷入前所未有的困境。民营经济领域中的住宿、餐饮、娱乐、旅游、租赁和商务服务等接触性行业，2020—2021 年基本上是全行业处于亏损状态；民营小微企业经营压力和脆弱性更大，亏损比例两年都在 25% 左右，加上互联网、教培行业治理，房地产行业下行，也拖累了一大批上下游中小企业。2022 年初，全国工商联依托民营企业调查系统对 61 683 家企业调研显示，58.89% 的企业受疫情影响而停过业，83.86% 的企业反映疫情影响了市场需求。从天眼查的数据看，2020 年和 2021 年，有超过 300 万家民营小微企业注销破产。而在这些企业中，我国经济前三大省广东、江苏、山东倒闭数量最多，许多民营企业家思想上充满了疑虑、迷茫和困惑。民间投资出现方向不明、意愿不强、动力不足的问题，2020 年我国民间投资只增长了 1%。国家统计局数据显示，自 2021 年 5 月以来，小型企业 PMI（采购经理指数），连续 12 个月以上低于景气线。

二是各类大宗商品大幅涨价。2021 年，铁矿石、精炼铜、电解铝、煤炭、石油、天然气、粮食等大宗商品价格暴涨，导致生产成本急剧上升，严重挤压企业利润空间。再加上芯片短缺带来的生产受阻，港口货物堆积等因素，给我国相关企业带来了较大影响。2021 年，PPI 创下有数据统计以来的最高纪录。据国家统计局数字，2021 年小微企业利润比大中型企业低 21.2 个百分点，这在历史上是从未有过的。2022 年 3 月下旬，中国人民大学国家中小企业研究院联合邮储银行对小微企业当前面临的成本问题进行了专题调研，通过对全国具有代表性的 2642 家小微企业调查发现：从 2019 年到 2021 年，原材料成本持续成为小微企业运营中最大的成本项，占营业收入的比重从 2019 年的 43% 提高到 2021 年的 46%。相较 2021 年，总计有 53.5% 的小微企业主反映当前整体经营成本有所提升。同时，有 13.8% 的小微企业主认为相比于 2020 年，2021 年因防疫带来的停工成本提升最为显著。

2022 年初，俄乌冲突爆发后，美国和西方国家对俄采取极限制裁，双方制裁与反制裁斗争愈演愈烈。全球产业链、供应链紊乱，大宗商品价格持续上涨，能源供应紧张等风险相互交织，严重影响世界经济复苏，加大我国输入性通胀压力。这些都将对我国经济平稳运行特别是民营中小微企业的生存发展带来巨大的冲击和影响。

三是一些部门出台政策没有进行认真论证沟通。近年来，国家出台的支持民营经济发展的政策措施很多，但不少落实不好、效果不彰。有些部门和地方对党和国家鼓励、支持、引导民营企业发展的大政方针认识不到位，工作中存在不应该有的政策偏差，在平等保护产权、平等参与市场竞争、平等使用生产要素等方面还有很大差距。有些政策制定过程中前期调研不够，没有充分听取企业意见，对政策实际影响考虑不周，没有给企业留出必要的适应调整期。有些政策相互不协调，政策效应同向叠加，或者是工作方式简单，导致一些初衷是好的政策产生了相反的作用。有的没有考虑可能产生的负面影响，采取"运动式、急拐弯、一刀切、一限了之"，使一些企业无所适从，甚至对政策的稳定性产生怀疑，影响企业的发展预期。

四是一些自媒体对民营企业和民营企业家进行贬损，影响企业家创业创新发展的信心。2021 年下半年以来，一些自媒体对民营企业进行"舆论围剿"，出现许多对民营企业家和富裕人群"喊打喊杀"的言论，让他们忧心忡忡，甚至感觉自己的人身财产不太安全。个别人以"爱国""公平""正义"的面目煽动情绪，网上出现许多"资本家""资本家阶级""剥削""原罪""为富不仁"等词语。据统计，在过去的 4 年里，"企业家"一词的百度指数明显下降，而"资本家"一词的百度指数则涨了 2.9 倍。这些影响了民营企业家创业发展的预期。

当前，我国经济发展特别是投资、消费、贸易的全面恢复仍存在许多不稳定性、不确定性因素。民营企业发展既面临重大机遇又面临严峻挑战，挑战中又孕育着新的发展机遇。广大民营企业家要正确认识形势，看到当今世界正经历百年未有之大变局，国内外环境的深刻变化特别是疫情冲击既带来一系列新挑战，也带来一系列新机遇，是危机并存、危中有机、危可转机，要辩证认识和把握国内外大势，增强机遇意识、风险意识和忧患意识，善于转危为机。

面向未来，我国具有全球最完整、规模最大的工业体系、强大的生产能力、完善的配套能力、数量庞大的人才队伍；我国蓬勃发展的新动能，数字经济、智能制造、生命健康这些新产业形成了新的增长极；我国经济稳中向好、长期向好的基本面没有改变，潜力足、韧性强、回旋空间大、政策工具多的基本特点没有改变；我们拥有超大规模市场优势，1亿多市场主体、包括4亿多中等收入群体在内的14亿人口所形成的超大规模内需市场。

总之，我国经济长期向好的基本面不会改变，持续发展具有多方面有利条件，特别是亿万人民有追求美好生活的强烈愿望、创业创新的巨大潜能、共克时艰的坚定意志，我们还积累了应对重大风险挑战的丰富经验。2020年，面对新冠疫情带来的严峻挑战和重大困难，全国上下万众一心、众志成城，全年 GDP 增长 2.3%，成为全球唯一实现经济正增长的主要经济体。2021 年，我国国内生产总值超过 114 万亿元，同比增长 8.1 %，两年平均增长 5.1%。全国居民人均可支配收入 35 128 元，扣除价格因素实际增长 8.1%，两年平均增长 5.1%，与经济增长基本同步。放眼世界，"风景这边独好"，中国仍是一片充满希望的热土。

风风雨雨是常态，风雨无阻是心态。我们要看到，改革开放 40 多年来民营经济的发展历程，就是一部攻坚克难、开拓进取的奋斗史诗。民营企业家们以大无畏的勇气，在夹缝中求生存，一路披荆斩棘。绝大多数成功的企业家在创业过程中都是"白天当老板，晚上睡地板"，经历过无数的痛苦和煎熬甚至失败，才有了企业今天的规模。历史已经证明并将继续证明，任何艰难险阻都难不倒善于迎难而上、勇于创新发展的广大民营企业和民营企业家。

2020 年以来，面对疫情带来的困难和挑战，很多民营企业因时而变、因势而为，采取各种措施特别是坚持走自主创新发展道路，迅速把疫情中企业暴露出来的短板补齐、弱项强化，提高市场竞争能力和抵御风险能力，呈现出了一些新的发展趋势。

一是发展线上经济对冲疫情的影响和冲击。这次疫情使传统制造业和传统服务业特别是中小微企业遭受了重创，但智能制造、无人配送、线上零售、直播带货、医疗健康、远程办公等新兴产业和商业模式，却展现出强大的成长潜力和巨大的商业活力。线上经济作为一种新型的商业运营模式，已经成为众多企业开展网络营销和贸易的重要渠道。买卖双方不接触、不见面，就可以实现消费者的网上购物、商户之间的网上交易和在线电子支付。疫情发生以后，直播带货更是十分火爆。直播为商家和消费者搭建了一个桥梁，扩大了传统行业的销售半径，拓展了市场空间，有效降低了线下经营损失。据百度报告显示，疫情发生以来，线上销售、在线教育、在线医疗、在线娱乐、生鲜电商等行业在疫情之下逆势增长。

二是通过智能化、网络化改造实现企业转型升级。随着大数据、云计算、物联网和人工智能等新技术的快速发展，智能化作为人类现代文明发展的趋势也在快速发展。我国许多民营企业在实现高质量发展过程中，把实现企业的生产智能化和产品智能化作为转型升级的一条重要途径，特别是疫情期间，有不少科技企业通过人

图 2-3　企业推进"智改数转"，数字化赋能制造业转型升级

工智能、大数据和机器人技术拓展了市场，激发了企业
活力。有的传统型企业充分运用新一代网络技术、人工
智能、云计算等对企业管理流程、管理模式、营销模式、
员工培训等进行数字化、智能化改造，提升企业的科技
化水平，提高企业的生产和服务的效率与水平。根据调
研显示，有 75% 的民营企业认为，此次疫情让所有员工
认识到了智能化转型的价值，企业克服了以往阻碍智能
化转型的疑虑，更加坚定地向更全面、更快速的智能化
转型迈进，不少企业甚至在疫情期间几周内完成了转型
升级。

三是利用网络办公新模式提高企业管理水平。这次疫情暴发后，为避免聚集性疫情发生，国家不得已采取了居家隔离的应对措施。许多上班族怎样在家做到办公畅通无阻、效率更高，成了企业最为关心的问题。因此，疫情期间网上办公这一新模式迅速普及，很多中小微企业启用了互联网办公模式，网上审批、网上管理、网络会议等平时较少用到的方式，成为疫情下保持企业运转的应急之策。据有关方面发布的数据，疫情发生以来，我国有 2000 多万家中小企业 3 亿人使用了网上办公这一模式。同时，远程办公的需求也给许多专注远程办公技术开发的公司，以及远程办公工具带来商机。很多民营企业通过信息管理系统把企业的设计、采购、生产、制造、财务、营销、经营、管理等各个环节集成起来，共享信息和资源，以信息化建设为平台和支撑，提高了企业现代化管理水平。

民营企业应对疫情出现的这些新发展趋势说明，只要信心不滑坡，办法总比困难多。我国民营企业总是在风风雨雨中甚至是强烈冲击力下发展壮大起来的，大危机必有大机遇，甚至蕴含着无限商机。阳光总在风雨后，劫难过后是重生。我们坚信，在以习近平同志为核心的党中央坚强领导下，在各级党委政府的关心支持下，广大民营企业家面对发展环境的变化，一定会准确识变、科学应变、主动求变，在冲击中找机遇，在危机中求生存，在困境中谋发展。

4 环保要求变了

由过度排放，变成实现碳达峰和碳中和

曾几何时，在我国民营经济发展初始阶段，小炼钢厂、小水泥厂、小煤场、小发电厂、小造纸厂、小砖窑厂、小建材厂……到处都可见，在南方有些地方甚至是"村村点火、户户冒烟"，因而出现了许多高能耗、高污染、高排放的项目和企业。

这种粗放型的发展方式，导致资源的过度消耗和过度排放，造成能源紧张、资源短缺、生态退化、气候变化、环境恶化，清新空气、清洁水源、舒适环境越来越成为全社会稀缺的产品。

我国政府历来高度重视应对气候变化，通过不断调整产业结构、优化能源结构、提高能源资源利用效率、增加森林碳汇等措施，推动全社会加速向绿色低碳转型。2005 年至 2020 年，我国 GDP 增长约 4.5 倍，碳强度下降 48.4%，非化石能源占比由 7.4% 提高到 15.9%，大幅超额完成到 2020 年的气候承诺。

但是，我国是世界上最大的发展中国家，还面临着快速发展经济、改善民生等一系列任务。我国生态环境保护结构性、根源性、趋势性压力总体上尚未根本缓解，以重化工为主的产业结构、以煤为主的能源结构和以公路货运为主的运输结构没有根本改变。

我国作为世界第一碳排放大国，每年排放量约占全球排放量的 30%，深受世界关注。

2020 年 9 月 22 日，国家主席习近平在第七十五届联合国大会一般性辩论上，首次提出："中国二氧化碳排放力争于 2030 年前达到峰值，努力争取 2060 年前实现碳中和。"这是中国向世界作出的庄严承诺。

碳达峰，是指二氧化碳的排放达到峰值不再增长，意味着我国要在 2030 年前，使二氧化碳的排放总量达到峰值然后逐渐下降；碳中和，是指通过植树造林、节能减排、产业调整等形式，抵消自身产生的二氧化碳排放。

2021 年 3 月 15 日，中央财经委员会第九次会议强调，实现碳达峰碳中和是一场广泛而深刻的经济社会系统性变革，要把碳达峰碳中和纳入生态文明建设整体布局，拿出抓铁有痕的劲头，如期实现 2030 年前碳达峰、2060 年前碳中和的目标。实现碳达峰和碳中和，是党中央经过深思熟虑作出的重大战略决策，事关中华民族永续发展和构建人类命运共同体。要坚定不移贯彻新发展理念，坚持系统观念，处理好发展和减排、整体和局部、短期和中长期的关系，以经济社会发展全面绿色转型为引领，以能源绿色低碳发展为关键，加快形成节约资源和保护环境的产业结构、生产方式、生活方式、空间格局，坚定不移走生态优先、绿色低碳的高质量发展道路。

党的二十大报告提出："积极稳妥推进碳达峰碳中和……立足我国能源资源禀赋，坚持先立后破，有计划分步骤实施碳达峰行动。完善能源消耗总量和强度调控，重点控制化石能源消费，逐步转向碳排放总量和强度'双控'制度。推动能源清洁低碳高效利用，推进工业、建筑、交通等领域清洁低碳转型。深入推进能源革命，加强煤炭清洁高效利用，加大油气资源勘探开发和增储上产力度，加快规划建设新型能源体系，统筹水电开发和生态保护，积极安全有序发展核电，加强能源产供储销体系建设，确保能源安全。"

我国民营经济作为社会主义市场经济的重要组成部分，市场主体已达 1.57 亿户，其中私营企业 4740.8 万户，个体工商户 1.1 亿户，占全部市场主体的 92% 以上。

图 2-4　光伏发电装置安装工厂屋顶，推进企业低碳发展

民营经济具有产业链条完备、产业领域广泛、技术水平高中低端全面覆盖、在国民经济大盘中举足轻重等特点，同时存在传统产业所占比例较大的现实情况。尤其是在钢铁、水泥、有色化工、煤炭、发电、建材、建筑、造纸、公路运输等高碳排行业，民营企业不仅比重大，而且环保投入较少、减排技术水准相应薄弱。这对民营经济与全社会同步实现碳达峰碳中和目标提出了很大的挑战。

令人高兴的是，党中央提出实现碳达峰和碳中和目标后，许多有情怀、有责任的民营企业积极行动起来，坚决贯彻新发展理念、走绿色发展道路，践行绿色经营理念。比如，江苏沙钢集团是我国著名的大型民营钢铁企业，2021年沙钢专门成立了碳中和委员会，组织制定所属企业碳达峰碳中和行动方案和路线图，从科技创新和精细管理两个方面着力开展碳减排工作。在科技创新方面，推进清洁生产降低排放，大力发展短流程电炉炼钢、超薄带等工艺，其中超薄带工艺为国内首家使用，与传统工艺相比单位燃耗减少95%、水耗减少80%、电耗减少90%。

再比如，山西鹏飞集团是一家集采掘、洗煤、炼焦、化工于一体的闭合式、全循环、全产业链的现代煤化工企业。在"双碳"背景下，该集团积极采取节能减排措施，建成干熄焦、焦炉烟气余热回收装置，并完成粗苯工段供热方式改造，建设干熄焦装置，同时筹备上升管余热回收项目、焦炉自动化测温加热项目和各厂区循环水泵节能改造项目。项目全部实施后，每年可减少二氧化碳排放量约88.33万吨。公司与中设集团等合作成立山西碳中和研究院，致力于清洁能源、节能环保和新能源技术可行性评估、咨询和数据处理服务等。集团还通过智慧云计算、智慧工厂、智慧巡检、智慧安防系统的建设，实现全集团、全产业智能化、精细化管理，助力国家完成碳减排目标。

广大民营企业家一定要清醒地认识到，党的十八大以来，党中央以前所未有的力度抓生态文明建设，我国生态环境保护发生历史性变化，但仍然任重道远。实现碳达峰碳中和目标，意味着一场广泛而深刻的经济社会系统性变革，需要全社会经济体系、能源体系、技术体系等转型升级，需要公众践行绿色低碳生活方式。

与发达国家和地区相比，我国面临的减碳压力更大，这主要是因为我国正处在工业化、城市化进程中，我们从碳达峰到实现碳中和的时间要短得多，因此要付出更加艰苦的努力。按照欧盟 21 世纪中叶实现碳中和目标，其碳达峰至碳中和历经 60 年，而我国从碳达峰到碳中和仅有 30 年；欧盟在 20 世纪 90 年代二氧化碳排放的峰值是 45 亿吨、美国在 2007 年达到的峰值是 59 亿吨左右，而我国预测的峰值将达到 106 亿吨左右。

实现碳达峰和碳中和，对民营经济而言是十分艰巨的考验，也将是一场凤凰涅槃的洗礼。挑战虽然严峻，但挑战往往也与机遇共生相伴。高碳企业要想获得长续发展，就必须紧跟时代的潮流，要有"不用扬鞭自奋蹄"

的精神，主动谋划产业结构和产品技术的迭代进步，把低碳技术创新放在更加突出的位置，加大资源回收循环利用力度，争取由被带动的角色跃升为潮头引领者。

碳达峰碳中和目标的提出，宣示着我国更加坚定不移贯彻新发展理念、走绿色发展道路的信心和决心，以及坚持积极应对气候变化的战略定力，继续做全球生态文明建设的重要参与者、贡献者和引领者。现在，距离实现我国碳达峰目标不足 10 年，从碳达峰到实现碳中和目标也仅有 30 年，与发达国家相比，时间更紧、困难更多、幅度更大。打赢这场硬仗，需要付出极其艰巨的努力。

习近平总书记指出："环境就是民生，青山就是美丽，蓝天也是幸福。要像保护眼睛一样保护生态环境，像对待生命一样对待生态环境，把不损害生态环境作为发展的底线。"相信我国广大民营企业一定会按照总书记的要求，坚持绿水青山就是金山银山的理念，坚持尊重自然、顺应自然、保护自然，在打赢碳达峰碳中和这场硬仗、推动绿色发展、促进人与自然和谐共生中作出新贡献。

5 发展思路变了
由追求做大做多，变为做精做优做久

最近几年，国内的一批大型民营企业，因为债务违约或资金链断裂一夜之间轰然倒下。这些企业中，销售额少的有几十亿元、几百亿元，多的达几千亿元，有的是某一行业的龙头老大，有的是某一个省或全国的知名企业，有的甚至多年名列中国民营企业 500 强的前几名。

这些企业之所以出现大败局，一个共同原因就是，多年来追求做大做多，搞所谓的"多元化"经营，盲目扩张并购，四处铺摊，最终导致债务违约"爆雷"。

改革开放以来，党的富民政策为广大创业者施展才华带来了无限的机遇。不少民营企业通过自身的努力和拼搏奋斗，取得了骄人的业绩，有的规模发展到几万人、十几万人，成为全国或某一行业有影响力的企业，创业者的身家有的高达几百亿元、上千亿元。在这种情况下，少数人开始膨胀，加上社会上浮躁心态的影响，凡事追

求大而多。于是，在一些大老板的身上便出现这么一些情况：

有的把企业进入"财富世界 500 强""福布斯世界 500 强"或"胡润百位富豪排行榜"作为自己的追求目标和人生成败的量尺。认为如果不把企业做大做多，就是不思进取、不求上进，就不能被社会尊重或别人艳羡。

有的自认为无所不能，没有意识到作为第一代、第二代创业者之所以能够快速发展，主要是靠国家政策发展的红利。仅仅靠着敢想敢干的劲头一路野蛮生长，加上对经济周期波动的影响认知很少，结果在经济下行期间和遇到新冠疫情严重冲击的情况下，企业因步子迈得太大，栽了大跟头。

有的脑子发热，好大喜功，贪大求全，到处"攻城略地"，举巨债盲目发展，项目一个接一个地投，把战线拉得很长，既要做电脑，又要做扫地机器人，还要做空气净化器。自己熟悉的行业生意也干，陌生领域的项目也投，恨不得当上市场的"全能冠军"。

这些曾经辉煌一时的企业，因为盲目追求做大做多，结果因资金链断裂直接翻车，原先的首富变成了欠债几十亿元甚至几百亿元的"大负翁"，着实让人心疼不已，教训十分惨痛。

认真总结他们的成败得失，有几条教训值得广大中小企业认真汲取。

第一，"四面出击"必然是"四面楚歌"。要知道，在经济上行和繁荣期间，企业做再多的生意，都可能会得心应手，都可能会挣到钱。但在经济下行又叠加了疫情冲击时，如果摊子铺得太大，做一些不赚钱甚至亏钱的生意，就会给企业带来拖累和损失。尤其是在市场环境已经不是当初的环境，各行各业竞争越来越激烈、赚钱越来越难、利润越来越薄的时候，原先民营企业那些发展经验已经不适应新形势了。企业在大举扩张、得意忘形的时候，把"借钱是要还债的"这个做生意的根本都抛到九霄云外。花钱容易赚钱难，一旦经济环境不好，企业赚不到钱，加上银行抽紧银根，背负的融资成本就很难消化，终因积重难返而无力回天，只能债务违约、爆雷倒地。

第二，找不准定位必然导致盲目发展。企业经营生态和自然界一样，既要有参天的乔木大树，也要有矮小的灌木丛林，更要有漫山遍野的小草。大中小微企业齐生共长，互利共赢，相得益彰。多样性、差异化的经济生态，是我国经济韧性最重要的特色。企业的基因不同，初心不同，努力方向也不同，最适当的规模也不尽相同。少数产业可以做大做强，但绝大多数的中小企业是没有做大的基因和条件的，因而没有必要逼着自己去追赶做大企业的商业潮流。否则，在追赶做大做多的过程中，会耗尽企业的所有资源，最后把自己拖垮累死。

第三，市场只有"单项冠军"没有"全能冠军"。随着科学技术的快速发展，社会分工越来越精细，越来越专业，每个企业都有可以精耕细作的领域和行业，只有把自己擅长的专业做到极致，才能在激烈的市场竞争中立稳脚跟。那些"大包大揽"的经营越来越不合时宜，"无所不能"的做法更是早已时过境迁，大而全的企业只会越来越少。彼此的合作成为必然的趋势，所有的竞争都要被控制在有限程度和有限范围之内。

前车之鉴，后事之师。我国民营企业绝大多数是中小企业，规模小、资金少、抗风险能力弱、生命周期短，要想在激烈残酷的市场竞争中站稳脚跟，并把企业做精做优做久，必须坚定不移地走专业化、精细化、特色化、新颖化的发展道路。

专业化就是专注核心业务，在你熟悉的那个行业用心耕耘，提高专业化生产、服务和协作配套的能力。通过"专"，对某一行业或者产品进行聚焦，避免资源的多元分散，巩固在特定领域、特定客户群、产品技术、区域市场的专业技术领先优势。比如，福耀玻璃的曹德旺，坚持"一辈子只做一片玻璃"，而且是专做汽车玻璃。目前，他在全球 11 个国家及地区建立现代化生产基地和商务机构，并在中美德设立 6 个设计中心，成为全世界最大的汽车玻璃供应商之一，其产品占全球汽车玻璃市场份额的 25% 左右。

我国著名的茉莉花茶企业——福建春伦集团，傅天龙、傅天甫兄弟两人 1985 年开始创业，37 年来专注做一片叶子、一朵花，从一家小作坊发展为现在拥有厂房 6.1 万平方米、10 个茶园基地共计 4.2 万亩、4 个茉莉花基地共计 7000 亩，带动周边茶农和花农共 12 万多户、年生产茶叶 450 万公斤以上的目前国内最大的茉莉花茶企业。

精细化就是按照精益求精的理念，通过精细化管理，精心设计生产精良产品，从而实现产品的精致性、工艺技术的精深性，以美誉度高、性价比好、品质精良的产品和服务在细分市场中占据优势。从实际使用来看，精细化往往带来更加细致体贴的服务。比如，广州美中互利医疗有限公司，采用机器人植发，不仅精准而且在舒适性上与人工植发不分上下。机器人可对毛囊进行快速精准定位，机器人由于采用高清立体影像系统，取出的毛囊完整率能达到 90% 以上。并会先用 AI 技术拍一个片子进行分析。通过自动模式与手控模式双控制系统，医生可随时介入并监控手术过程，在保持精准度的同时还可降低人工疲劳度。整个植发过程中，患者没有不适感，甚至还可以悠闲地看电影。

特色化就是利用特色资源，弘扬传统技艺和地域文化，采用独特工艺、技术、配方或原料，研制生产具有地方或企业特色的产品。比如，在我国食品界无人不知、无人不晓的"老干妈"辣酱，长期以来坚持"味道即王道"，严把原材料关，做到货真价实。他们用独特的口味征服顾客，无论在大小饭店，还是普通家庭，"老干妈"的身影无处不在。到了国外，"老干妈"被称为"家乡的味道"和"留学生必备"。如今，传统制造业处境十分艰难，有的关门歇业，有的苦苦支撑，而"老干妈"始终做得红红火火、供不应求，依靠的就是产品自身的特色化。

新颖化就是开展技术创新、管理创新和商业模式创新，培育新的增长点，形成新的竞争优势。比如，上海奥盛集团是一家以桥梁缆索制造产业链为核心的高科技企业，始终依靠自主创新、转化科技成果，研制生产具有自主知识产权的高新技术产品。其产品（技术）具有创新性、先进性，具有高技术含量、高附加值和显著的经济、社会效益。20 多年来，奥盛集团萃集了全球桥梁工程的新科技、新技术，以领先全球的、无可替代的核心竞争力，承接了中国第一条大跨径斜拉桥上海南浦大桥、世界跨径第一的自锚式悬索桥美国旧金山奥克兰新海湾大桥、峡谷跨径世界第一的云南龙江大桥、海峡跨径世界第一的杭州湾跨海大桥、由土耳其通往希腊的世界第一大跨径悬索桥恰那卡莱海峡大桥的缆索工程，屡屡突破世界桥梁跨径纪录，成为世界排名第一的大跨径桥梁缆索的供应商。

2022 年 9 月 8 日，全国专精特新中小企业发展大会在江苏省南京市召开，习近平总书记发贺信指出："中小企业联系千家万户，是推动创新、促进就业、改善民生的重要力量。希望专精特新中小企业聚焦主业，精耕细作，在提升产业链供应链稳定性、推动经济社会发展中发挥更加重要的作用。"当前，我国中小企业绝大多数处在产业链的低端，普遍缺乏管理、品牌、技术、人才、资金、数据等核心竞争要素。在构建新发展格局、实现高质量发展中，引导中小企业走专精特新发展道路，具有十分重要的现实意义。发展专精特新中小企业，能够推动中小企业应用新技术大力发展专业化生产，主动融入大企业的技术、产品和协作配套的体系，与大企业形成合理的市场分工，增强中小企业抗御风险的能力和适应经济形势的能力，加快商业创新和合作模式的创新，更好地拓展自身的发展空间。发展专精特新中小企业，可以加强企业的结构改造，应用新技术、新工艺、新材料、新装备改造提升传统的产业，培养战略性新兴产业，加快技术和产品的升级换代，提高先进的比重和品牌的创造能力，支持高成长型企业和中小企业做优做精做强。

这些年，各地在引导中小企业发展过程中，有一条共同的体会和经验，就是培育主营业务突出、竞争能力强、成长性好、专注于细分市场、具有一定创新能力的专精特新"小巨人"企业，引导其成长为制造业单项冠军。比如，浙江宁波天生密封件有限公司，是一个只有100多人的专门从事密封件生产的小企业，坚持走专精特新发展道路，其生产出来的密封件，技术达到世界先进水平，替代进口产品，用于核电站建设和核潜艇的建造，深受市场欢迎。

截至 2022 年上半年，我国已培育 4 批 8997 家专精特新"小巨人"企业，848 家制造业单项冠军企业，5 万多家省级专精特新中小企业，中小企业创新力、竞争力、专业化水平大幅提升。专精特新"小巨人"企业超五成研发投入在 1000 万元以上，超六成属于工业基础领域，超七成深耕行业 10 年以上，超八成居本省细分市场首位。

今天，时代在变化，营商环境在变化，科学技术在

图 2-5　近年来，我国培育出一大批专精特新"小巨人"企业，在推动社会经济发展中发挥了重要作用

快速迭代，企业发展的路径和商业模式也正在变化。民营企业特别是中小企业对此要有清醒的认识，必须主动适应新时代发展变化，总结经验教训，修身正己，修心笃行，选择适合企业的发展路径和模式，更要控制好自己企业的负债率。要坚定不移地走专精特新发展道路，干自己专业的行业，做自己懂的行业，专心聚焦主业，在自己熟悉的行业和领域精耕细作，把企业做精做优做久，努力打造成百年老店、百年企业。

第 三 章
商业模式变化

在经济发展进入新的发展格局背景下，过去那种依靠廉价劳动力、低成本的土地和环境资源等生产要素投入的局面已经难以为继，必须转向自主创新驱动发展。随着时代的发展特别是科学技术的进步，人民对生活的追求从"有没有"变成了"好不好"，消费者的消费理念、消费结构、消费需求和消费渠道发生深刻变化，个性化、体验化、多样化、品质化、定制化成为新的潮流。移动互联网的出现，完全颠覆了千古不变的商业逻辑，改变了人类的生产方式、生活方式、思维方式和商业模式。产业数字化和数字产业化深入推进，以消费者体验为中心，线上、线下和物流无缝对接并深度融合的"新零售"模式方兴未艾。

1 发展方式变了

由主要依靠生产要素投入驱动，变为创新驱动

改革开放以来，经过 40 多年的发展，我国民营企业中涌现出一批国内甚至世界知名企业。但从整体上看，95% 以上的民营企业是中小企业甚至微型企业，大多数从事传统制造业、服务业等一般竞争性行业，处于产业链低端，长期依靠低成本、低层次模仿、低层次加工在市场上竞争，产品技术含量低，缺乏关键核心技术和自主品牌，市场竞争力不强，总体上处于"微笑曲线"底端。

过去相当长的一个时期内，由于我国天然的资源禀赋和比较优势，民营企业走的是一条依靠生产要素投入驱动发展的道路。在经济发展进入新的发展格局背景下，企业过去那种光靠廉价劳动力、低成本的土地和环境资源等要素得以发展的局面已经难以为继。一方面，资源短缺和环境污染造成沉重代价的情况已经显而易见；另一方面，国际金融危机以来，西方一些发达国家力推再工业化，吸引大批企业和大量资金回流，逐步调整产业结构与消费模式，这对我国民营企业传统上依靠低附加值产品出口的发展模式，造成前所未有的挑战。

在我国经济发展进入新常态的情况下，党中央作出了由过去高速增长阶段转向高质量发展阶段的重大判断。从支撑我国经济增长的因素和条件看，我们已经或仍在经历着许多新的变化：我国劳动力人数从 2013 年开始下降，农民工进城数量减少，工资水平相应上升，劳动力低成本的优势正在减弱；房地产等终端需求和钢铁、煤炭等重要工业品相继出现历史需求峰值，增长速度明显减缓，产能过剩和产品库存过多等问题突出；土地等资源价格上升，部分城市房价高企；生态环境压力加大，几乎接近甚至超过承受底线。

特别是在新冠疫情给世界经济造成重大影响，使得我国经济发展的内外环境发生许多新变化的情况下，党中央提出要"加快构建以国内大循环为主体、国内国际双循环相互促进的新发展格局"。这是对未来我国经济发展战略、路径作出的重大调整，也是党中央根据我国新发展阶段、发展任务、发展环境作出的重大战略决策。

习近平总书记在党的二十大报告中指出："必须坚持科技是第一生产力、人才是第一资源、创新是第一动力，深入实施……创新驱动发展战略……不断塑造发展新动能新优势。"民营企业家应当看到，在构建新发展格局中，要实现高质量发展，不可能像以往那样主要依靠生产要素投入数量的增长，而是必须转向自主创新驱动发展。按照高质量发展的新理念，在转变发展方式方面，就要从依靠增加物质资源消耗实现粗放型高速增长，转变为主要依靠技术进步、改善管理和提高劳动者素质实现集约型增长。在优化经济结构方面，就要由资源密集型、劳动密集型产业为主向技术密集型、知识密集型产业为主转变；由低技术含量、低附加值产品为主向高技术含量、高附加值产品为主转变；由高排放、高污染向循环经济和环境友好型经济转变。

最近几年，有两个重大事件极大地提高了民营企业对走自主创新发展道路重要性和紧迫性的认识。

第一件是新冠疫情的冲击。2020年疫情发生以来，民营企业出现了明显分化，有的企业越来越好，或者说在向好的方向发展，但是有的企业却越来越差，越来越顶不住。我们看到，在应对疫情冲击中，凡是能够坚持创新驱动，能够利用各种创新缓解或抵消疫情冲击的，能够利用技术创新、产品创新、商业模式创新来降低产品成本、提高产品质量、开拓产品市场的一些企业，日子相对就比较好过。反之，没有创新的企业日子就不好过甚至过不下去。比如，疫情让人们对健康更为关注，促使一些中医药保健品的销售持续上升。具备相关资源及文化禀赋的企业及时谋划，引入现代技术，提高产品质量，对接市场需求，不仅能更好地满足群众对健康生活的需要，也打造出具备竞争力的产品，有效地摆脱了疫情带来的危机。经历了这次疫情的冲击，许多民营企业在创新方面进行了深刻反思。多年来国家一直提倡必须从要素驱动走向创新驱动，可以说，这次疫情冲击加强了民营企业对创新重要性、紧迫性的认识。

第二件事是美国对我国的封锁和打压。多年来，党中央强调对自主创新、关键技术不受制于人的要求和提醒，但是一些企业没有外部压力，听不进去，毕竟直接买国外产品又快又容易。最近几年特别是特朗普和拜登先后上台以来，美国对中国高科技公司的封杀和一些关键高新技术的封锁，让很多企业深刻认识到关键核心技术是买不来的（我国近 90% 的芯片、70% 的工业机器人、

80% 的高档数控机床和 80% 以上的核心工业软件依赖进口），是要被别人"卡脖子"的，必须依靠自己走自主创新的道路这在客观上起到了倒逼我国企业自主创新的作用。

创新精神是中华民族最鲜明的禀赋。在 5000 多年文明发展进程中，中华民族为世界贡献了无数科技创新成果。然而，清代以后，由于封建统治者闭关锁国、夜郎自大，中国同世界科技发展潮流渐行渐远，屡次错失富民强国的历史机遇。今天，当科技革命和产业变革的机遇再次摆在面前，我们党深刻汲取历史教训，主动顺应时代潮流，从把握国家和民族前途命运的高度推进科技创新。"中国创新""中国智造"已成为新时代中国的亮丽名片。党的十八大以来，我国加快推进科技自立自强，全社会研发经费支出从 1 万亿元增加到 2.8 万亿元，居世界第 2 位，研发人员总量居世界首位。世界知识产权组织数据显示，2021 年，中国申请人通过《专利合作条约》途径提交的国际专利申请达 6.95 万件，连续 3 年位居申请量排行榜首位。中国国家创新指数全球排名从 2012 年的第 34 位上升到 2021 年的第 12 位。

当前，随着创新驱动发展战略的实施、高水平科

技自立自强新征程的开启，民营企业更要以高度的市场
化经营机制与竞争中求生存的活力，在科技创新中撑起
"半边天"，发挥出不可替代的作用。

根据科技部数据，2019 年全国高新技术企业数量达
21.85 万个，私营企业占到高新技术企业总量的 48.97%，
达 10.7 万个。从整体规模来看，民营科技企业占据了高
新技术企业总量的半壁江山，是驱动经济发展与科技创新
的重要力量，成为创新舞台上越来越活跃的角色。许多民
营企业充分发挥创新能力强、机制灵活、市场敏锐的优
势，紧紧依靠技术创新、产品创新和商业模式创新，面对
经济下行特别是新冠疫情的冲击，仍显示了较强的生机和

图 3-1　民营企业加快转型升级，走自主创新发展之路，智能制造企业如雨后
春笋般涌现

活力。

从科技创新的质量来看，近年来在各行各业民营企业中的创新佼佼者接连涌现。信息技术领域，华为从基于客户需求的技术和工程的创新逐步迈向推动基础科学研究和基础技术发明的创新，不仅为市场提供具备创新功能的产品与服务，也在无线领域、光领域等成为产业标准的引领者；智能制造领域，美的通过 MBS、自动化和信息化打造智能制造工厂，建设世界级水平的制造能力和系统；汽车制造领域，比亚迪拥有电池、电机、电控和芯片等电动车核心技术的优势，先后又研发出刀片电池、高性能碳化硅芯片等，提升了国产新能源汽车在全球的竞争力。

习近平总书记在党的二十大报告中指出："强化企业科技创新主体地位，发挥科技型骨干企业引领支撑作用，营造有利于科技型中小微企业成长的良好环境。"当前，在实现高质量发展过程中，广大民营中小企业要按照二十大提出的实施创新驱动发展战略的精神，勇于开发新技术、涉足新领域、推出新产品，通过产品创新和服务创新提高市场竞争力和抵御风险能力，在以下几个方面走自主创新发展道路：

一是要加大研发投入。相对而言，民营中小企业本身实力有限，不具备自主创新所需要的资金、人才、技术、设备等物质基础，同时受传统观念和经营环境的影响，中小企业对自主创新的重要性和必要性认识不足，自主创新意识较为缺乏。据统计，目前我国中小企业研发投入不足，严重阻碍了企业进行技术改进和创新，削弱了企业的核心竞争力。要鼓励有实力的、有条件的企业加大研发投入，建立产品设计创新中心，提高产品设计能力，针对消费趋势和特点，不断开发新产品。要支持重点中小企业利用互联网技术建立大数据平台，动态分析市场变化，精准定位消费需求，为开展服务创新和商业模式创新提供支撑。2022 年，我国挂牌上市的 300多家专精特新"小巨人"企业，其研发人员占比基本达到 25%，平均研发强度超过 7%，成为中小企业创新发展的领跑者。

二是要大力推动传统产业改造升级。民营中小企业处于产业链低端，在实施创新驱动发展中，不是要将传统产业中的厂房、设备、技术、管理等废弃不要或推倒重来，而是要推动传统产业结合自身所处的行业发展和企业自身实际，大力开展技术创新和技术改造，特别是对关键技术、关键设备和关键工艺进行改造，走转型优化升级之路，不断向价值链高端提升，提高制造品质和市场竞争力。近几年，许多民营企业中的传统制造业加快智能化改造步伐，智能制造企业如雨后春笋般接连涌现。比如，福建泉州华宝鞋业公司智能改造后，减少用工 70% 以上，提高产能 1.25 倍；江苏胜利精密公司三年完成 20 多条生产线的智能化改造，一线工人减少 70%，效率和产出提升超过 30%，智能化和数字化为传统产业快速赋能。

三是要借力大企业联动创新发展。 由于受资源、人才、资金等多方面的制约，中小微企业创新难度比较大。一方面，需要政府的大力支持，将中小企业创新人才建设纳入人才发展规划，使中小企业能够平等享受政府人才引进、培养、激励和保障方面的政策。另一方面，要推动以市场为主导、大企业带动、中小企业联动的创新方式，让中小企业借力大企业实现联动发展。有的地方推出"千户小微企业成长计划"，挑选一大批成长性好、科技含量高、带动性强的小微企业，在资金融通、项目申报、技术改造、资源配置、管理培训、市场开拓等方面予以重点扶持和服务，收到了很好的效果，值得大力推广。要协作推进科技创新进程，与学校、科研机构密切配合，充分发挥企业的市场资源优势，促进研发成果转化。近年来，面对新冠疫情给中小企业造成的冲击，有的大型企业通过融通发展，开展"大手拉小手"活动，向中小企业开放共享资源，以数据资源为中小企业赋能，带动上下游企业渡过难关。比如，浙江正泰集团在产业链、供应链、需求链方面，从原材料、零部件、销售环节带动的中小微企业超过 1 万家。在正泰集团的带动下，其上游原材料、零部件供应的中小企业顶住了疫情的冲击，有的还实现了逆势成长。在帮扶过程中，中小企业可以在新的产业形态下实现快速迭代，创新成果通过创新链、供应链、数据链回流大企业，为大企业发展注入活力。这既推动大企业实现转型升级，又帮助受疫情影响较大的中小企业渡过难关。还有一些大企业联合科研机构建设协同创新公共服务平台，向中小企业提供科研基础设施及大型科研仪器，降低中小企业创新成本。

四是要推进工业化信息化深度融合。新冠疫情的发生和蔓延，一方面使许多企业遭受重创，另一方面成为数字经济蓬勃发展的助推剂，推动了人工智能、物联网、大数据、区块链等领域的技术创新与产业化应用，丰富了 5G 应用场景。如果说，过去数字技术只是让企业活得好，那么后疫情时代，数字技术的运用将成为企业能够活下去的关键，人们的生产、生活和工作方式将朝着更加数字化、网络化、智能化的方向发展。许多民营企业积极拥抱数字经济浪潮，推动互联网、大数据、人工智能和实体经济深度融合，在生产智能化、产品个性化、管理信息化、服务便利化等方面取得突破性进展。

江苏无锡梦燕品牌管理有限公司就是一个典型的案例。成立于 1984 年的梦燕是一家国内知名的服装连锁零售企业，主要采取自产自销的经营方式，其主营业务为门店零售。公司拥有 600 个渠道，日出货量最高可达 8 万件衣服，都由梦燕仓库统一发货，吞吐压力非常大。传统作业方式效率低、出错率高，直接影响门店销售，并带来货品损耗；还存在人工作业强度大、人员流动性高等问题，制约着业务提升与拓展。梦燕通过数字化赋智赋能改造，带来十分明显的效果。智能化改造后实现了服装入库、上架、存储、拣货、分拨复核、集货等流程的自动化、数字化升级，在每日可支持出货量提升 5 倍的情况下，仓库空间利用率提升 3 倍，人员减少 40%，并且大大降低工人劳动强度。以前梦燕仓库员工每天走路的步数是 5 万余步，现在是 2 万余步，从侧面反映了效率的提升；以前整个仓库的作业人员需要 55 人，现在 35 人就能满足同样的作业量。

总之，走自主创新发展道路是民营企业提高市场竞争力和保持企业基业长青的法宝。企业只有加强科技创新建设，才能开发出新产品、新服务，建立新的商业格局，逐渐由被市场驱动向驱动市场转变，才能在由规模扩张向高质量高效益转型阶段立于不败之地。疫情的冲击令百业艰难，但危中有机，唯创新者胜。企业家要把创新放在发展首位，专注品质、追求卓越，不断推进技术创新、产品创新、品牌创新、管理创新、市场创新、制度创新和商业模式创新，努力把企业打造成为强大的创新主体，切实增强企业的市场核心竞争力和抵御风险能力，在困境中实现凤凰涅槃、浴火重生。

2 消费观念变了

由共同需求的消费观念，变成多层次、多样化、个性化、定制化的消费观念

前些年，很多行业市场十分红火，做什么产品都能卖得掉，卖什么东西都能挣到钱。特别是房地产和汽车两个支柱产业带动了一大批产业的发展，仅房地产就可以拉动钢铁、水泥、玻璃、木材、陶瓷、家装、家电等50多个相关行业，汽车也能带动许多行业发展。那些年，这些行业几乎都是一路"高歌猛进"，许多企业挣得盆满钵满。

但是，2019年我国城镇居民人均住房建筑面积已达39.8平方米，农村居民人均住房建筑面积已达48.9平方米。截至2022年3月底，全国机动车保有量达4.02亿辆，其中汽车3.07亿辆；全国汽车保有量超过100万辆的城市共有79个，超过200万辆的城市有37个，超过300万辆的城市有20个。北京汽车保有量超过660万辆，平均每3人就有1辆汽车。

根据国际经验，这个阶段"住""行"的市场需求会发生明显变化。2013 年以后，我国新开工房屋面积、住房销售面积先后出现负增长，汽车销售进入低增长阶段。过去，大家都在"奔小康"，都有共同的需求，你需要房子我也需要房子，你买汽车我也买汽车，你配电脑我也配电脑，消费呈现出"排浪式"的态势，一浪高过一浪。同时，还具有高度同质化的特征，就是大家在同一个时期购买同一种商品。消费过程从"老三件"（手表、缝纫机、自行车）到"新三件"（彩电、冰箱、洗衣机），再到"大三件"（汽车、房子、移动电脑）。过去人们的穿戴是"新三年、旧三年，缝缝补补又三年"，现在变成"一天换一件、春夏秋冬不重样"。

当今，人们的需求变得越来越多层次、多样化、个性化、定制化，旅游、保健、养生也成了新的消费方式。仅旅游一项就可以看出这一变化。2016 年国民的旅游消费总计达到 4.66 万亿元：其中国内旅游总收入 3.9 万亿元，同比增长 14%；出境旅游花费 1098 亿美元。2017年，国内旅游市场超过 50 亿人次（人均 3.7 次），较上年增加 3.6 亿人次（有人一年内旅游次数达到 27 次，平均每半个月一次），花费 5.4 万亿元，人均消费 3300 元。2019 年，国内旅游人数 60.06 亿人次，入出境旅游总人数 3 亿人次，其中城镇居民花费 4.75 万亿元，全国居民旅游支出在消费总支出中占比升至 21.9%。

现在，全世界 45% 的奢侈品被中国人买了。前几年，许多人跑到日本背马桶盖、去韩国买化妆品、到澳洲买奶粉。中国游客去国外背马桶盖，是消费升级的典型案例。过去，农村如厕要蹲茅坑。现在，我们用上了坐便器。为什么要买智能马桶盖？因为它是智能化、舒适化的坐盆。上卫生间时，可以打开音乐听歌，天气冷可以给坐垫加热，还有按摩、冲洗、吹干、抽气、防臭等功能，有的甚至可以测"三高"。这种智能马桶盖，把过去上茅坑这件又脏又臭的事，变成了一个享受的过程。这就是发生在每个人身边消费升级的事儿。

这些说明，我国经济发展进入新常态后，一方面部分行业产能严重过剩，一方面却要大量进口高端技术、高端产品；一方面消费者对质量高、有信誉保障的消费品需求越来越大，一方面却是国内供给无法满足，导致对知名品牌购物热度不减、需求外溢。民营企业要看到今天消费者消费观念已经发生了巨大变化，要及时调整企业发展思路，积极迎合需求、创造市场，通过产品升级满足人们的消费升级需求。

图 3-2　市场进入个性化新消费时代的背景下，广大民营企业及时调整发展思路，建立新型生产模式，以满足消费者的个性化需求

随着时代的发展特别是科学技术的进步，当前消费新业态、新模式、新需求出现了新的发展变化，呈现出许多新的消费趋势：零售社区化、零售渠道下沉、大单身经济、银发经济、95 后消费、个性化消费和 M 型消费等。其中，95 后消费涉及的消费者集中表现出个性化、及时化、便利化和粉丝化消费趋势。

在此背景下，消费者的消费理念、消费结构、消费需求和消费渠道都发生了深刻变化。在消费理念上，个性化、绿色健康、便捷高效、重体验成为主题词；在消费结构上，侧重于发展性、服务性的消费方式，用户的个人体验变得更为重要；在消费需求上，个性化、品质化的用户需求尤为突出；在消费渠道上，注重线上和线下联动的经营模式。市场正在进入个性化的新消费时代，越来越多的人在消费中不再随大流，而是遵从自己的内心，不同的群体呈现出不同的消费偏好。消费升级在不断重构消费者的特征，个性化定制的消费已经成为一大趋势。

现阶段，作为商家，如何更好地把握消费者喜好，更加精准地了解他们的需求，建立以消费者为核心，以满足消费者需求为目的的新型生产模式，重构人货场的关系，通过消费者需求逆向推动商品生产和服务提供从而为消费者提供更加合适的产品和服务；如何把握住个性化消费需求的机会，是急需解决的一个重要问题。

很多企业看到了个性化、定制化消费时代的契机，大力发展个性化、定制化商品。比如，青岛红领集团开启服装个性化定制新模式就是一个典型的案例。红领集团是一家以生产经营高档西服、衬衣和休闲服饰系列产品为主的大型企业。其使用的 C2M 定制模式，将传统纺织服装产业先产后销的高库存模式，转变为互联网信息时代先销后产的零库存模式，创造了一套适合工业流水线大规模生产的个性化定制的方法。

首先，红领集团建立一套完全以客户为中心的生产和服务系统，顾客个性化定制产品的需求，直接通过 C2M 平台提交。平台上的制造工厂接收订单，直接开展定制产品的生产，减少中间环节产生的费用。其次，以 C2M 为载体，完成了跨境电子商务的无缝对接，在定制化设计、制造工艺、生产流程、物流配送、交易支付、售后服务等环节，特别是生产性服务方面，完全实现数据化跟踪和网络化运作。最后，把工业互联网、物联网等新一代信息技术融合到大规模定制生产中，产品生产由用户需求驱动，实现工厂生产流水线上不同产品数据、产品规格、配套元素的灵活搭配，从而在一条流水线上制造出满足客户多样化需求的产品，并以柔性化的生产迅速满足客户的个性化服务需求。

党的二十大报告强调："我们坚持把实现人民对美好生活的向往作为现代化建设的出发点和落脚点。"随着经济社会的发展，人民生活水平不断提高，人们的消费观念发生深刻变化，从传统的对产品功能的需求转移到个性化、体验化、多样化、品质化等更高层次的需求，对专业化服务的需求尤其强烈。对企业来说，随着商业文明化进步，必须高度重视消费者的体验，更加注重创新能力和生产效率的提高，更加注重品质，注重环保，注重设计，注重服务，以满足市场和消费者的个性化、定制化、多元化的新消费需求。

3 商业模式变了

由"店铺零售"模式，变为线上线下无缝对接融合的"新零售"模式

　　我国民营经济中的市场主体，主要由私营企业和个体工商户组成，大多从事传统的零售服务业。

　　多少年来，这些中小微企业和个体户都是采取最古老也是最基本的商业模式——"店铺零售"模式进行经营，就是在具有潜在消费者群的地方开设店铺并销售其产品或服务。

　　随着时代的进步和现代商业文明的发展，后来又出现了百货商场、超级市场和购物中心等，但通常的交易方式，仍然是消费者到这些地方去购物，而商家就是等着客户上门来买货。这种商业模式基本上仍属于"店铺零售"模式。

　　20 世纪末互联网出现后，许多创业者利用新兴的网络技术，发明了新的商业模式。特别是 2003 年春季非典疫情的暴发，引燃了互联网大众化和商业化的烈火，诞生了淘宝网、京东商城等一批电子商务平台。"电子商

务"作为一种新型的商业运营模式，成为众多企业开展网络营销和贸易的重要渠道。买卖双方不见面，就能够实现消费者的网上购物、商户之间的网上交易和在线电子支付，充分显现了电子商务的作用和优势，但对各类实体店铺产生了巨大的冲击。

当然，电子商务虽然有许多优势，但不能完全替代线下体验。因为与消费者的情感交流、个性化定制化的服务、品牌的建立等都是线上所欠缺的。因而线上线下相互融合，满足消费者的高质量、多元化的需求，成为企业追求的目标。

2020 年，在新冠疫情下，"直播带货"作为一种线上互动的新型商业模式呈现井喷式发展，不仅商家搞直播，连政府官员、企业老板和各类明星也开展直播，大有全民搞直播之势。

直播带货火爆的一个原因，是它提供了传统电商无法提供的一种购物体验。电商模式下，客户线上购物最大的痛点就是无法进行现场体验。比如，食品、服装、电器、化妆品这些商品，去淘宝、京东、苏宁易购、拼多多、唯品会购买，大多只能看网页和视频，是不能体验的。主播带货的最大作用，就是在全国几万人、几十万人甚至几百万人面前代替客户体验了这个产品。当客户看到美女主播涂抹完某一个品牌的口红效果后，发现质量很好价格又低，马上下单购买。于是，几万支口红瞬间就卖掉了。这一次买到了的人感到赚了，没买到的人只能惋惜甚至后悔。下一次当他看到类似的直播带货，只要是有需求的产品，基本上就不会再犹豫不决，而是直接下单购买。

直播带货火爆的另一个原因，就是它改变了购物场景。传统电商的另外一个软肋，就是它的购物场景主要是依靠文字、图片和视频，客户看完这些介绍之后，凭借印象下单购物。如果是以前购买过的商品或者是知名品牌，客户凭借着过去在超市、商店、购物中心对产品的认知经验，就可以完成购物，而且很少会退货。而对陌生的新产品、新品牌，客户的认知度很低，依靠文字、图片和视频，很难被说服，更谈不上使其有好的体验感了。而直播带货是一种比较理性的"场景体验"购物方式。直播时加入了购物体验，让客户能够强烈地感受到购物场景。消费者看了直播，对商品的性能、用途、使用方法、注意事项都有了比较详细的了解，加上直播省去中间商加价这一价格方面的优势，就更容易吸引消费

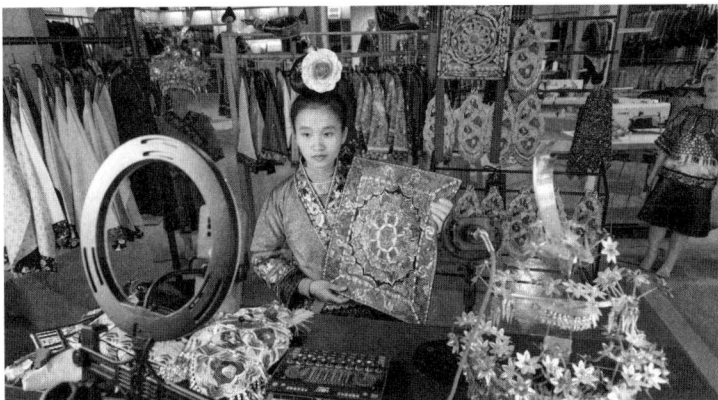

图 3-3　近年来，直播带货等新零售商业模式呈现井喷式发展

者去购买。可以说，直播带货比较好地解决了传统电商缺乏购物体验和购物场景这两个大问题。

当前，除了常见的电商直播，教育直播、健身直播、餐饮直播、娱乐直播等都受到消费者的追捧。直播经济在各个领域，直接为商家和消费者搭建了一个桥梁，扩大了传统商业的销售半径。很多传统行业以直播等为抓手，纷纷转战线上营销，有效降低了线下经营损失，有的甚至出现了逆势增长。

而把线上交易、线下体验消费结合起来的 O2O 商业模式，则在两种场景下得到了发挥：一是线上到线下，用户在线上购买或预订服务，再到线下商户实地享受服务。目前，这种类型比较多。比如，只要在手机上安装一个商家的 APP，你需要的三斤酱油两斤醋，都能准时给你送到家；你要在家吃麻辣火锅、要做美容美甲、要做脚底按摩，只要你在线上下单，商家都能派人准时上门给你服务。二是线下到线上，用户通过线下实体店体验并选好商品，然后通过线上下单来购买商品。

统计显示，十几年前，中国电商交易不到全球总额的 1%，如今占比超过 40%，超过美国、英国、日本、德国、法国的总和。2021 年，全国网上零售额达 13.1 万亿元，同比增长 14.1%。其中，实物商品网上零售额 10.8 万亿元，首次突破 10 万亿元，同比增长 12%，占社会消费品零售总额的比重为 24.5%，对社会消费品零售总额增长的贡献率为 23.6%。同时，2021 年我国网络零售市场消费升级趋势明显。健康、绿色、高品质商品越来越受到消费者青睐。不少体现中华优秀传统文化的非遗特色产品成为新的国潮商品，销售额同比增长 39%；在线餐饮整体增速加快，销售额同比增长 30.1%；在线文娱市场快速恢复，在线文娱场次数同比增长 1.2 倍。

如今，我国数字经济蓬勃发展，随着所有产业数字化和所有数字产业化的深入推进，"新零售"模式方兴未艾。"新零售"模式就是个人、企业以互联网为依托，通过运用大数据、云计算、人工智能等先进技术手段，对商品的生产、流通与销售过程进行升级改造，进而重塑业态结构与生态圈，并对线上服务、线下体验以及现代物流进行深度融合的零售新模式。

"新零售"完全颠覆之前的销售模式。因为之前生产商生产什么，消费者才能购买什么。而"新零售"的核心是以消费者体验为中心，即掌握消费者需求，对消费者进行按需定制，也就是消费者需要什么，生产商就生产什么，然后通过现代物流快速送到消费者手中，并且这个模式减少甚至去掉了中间商，商品价格也便宜了许多。

当下，传统消费场景正在发生积极转变，零售商利用大数据、云计算等科技手段，快速收集用户基础数据、用户行为数据和用户交易数据等，并对这些大数据进行整理、分析，迅速获取用户的真实需求，然后将这些需求反馈给生产商。生产商则根据客户需求快速对产品进行改进，通过整合供应链缩短研发周期，增加数据可用性并实现差异化、个性化、柔性化和定制化，以满足市场和客户的需求。

　　面对具有巨大商业活力和市场竞争能力的"新零售"，广大民营中小微企业和个体工商户，怎么样把线上、线下和物流无缝对接并深度融合呢？要充分应用平等、开放、互动、迭代、共享的互联网思维，将高效率、低成本的现代信息技术与传统产业相结合，突破线上和线下的界限，线下的企业必须走到线上去，线上的企业必须走到线下来，实现线上线下、虚实之间的深度融合，线上、线下和现代物流结合在一起，才能创造出真正的"新零售"商业模式。

4 经营策略变了

由卖产品，变成卖品牌

改革开放以来，党和国家高度重视品牌建设。这些年，相继推出"驰名商标""中国名牌""中华老字号"评定工作。党的十八大以来，我国品牌建设进入快车道。"十三五"规划提出的"开展质量品牌提升行动"，标志着中国品牌建设从产品和企业层面升级到国家战略。2017 年，设立国家品牌日，鼓励企业发展自主品牌、提高民族品牌国际竞争力。

经过多年发展和市场深耕，中国企业品牌价值增长迅速，已跃居世界第二。根据 Brand Finance（英国品牌金融咨询公司）发布的"全球最具价值品牌 500 强"榜单，2008—2020 年中国品牌上榜数量从 13 个上升到 76 个，其中中国内地企业品牌从 7 个上升到 70 个，12 年间增长 10 倍；品牌价值从 923 亿美元增至 1.3 万亿美元，在全球品牌价值中占比从 3% 提高到 19%，总体增长 13 倍，远高于世界平均 1.35 倍的增长水平，年化增速高达

25%，无论是品牌数量还是价值，中国均仅次于美国。

民营企业作为我国最具活力的市场主体，一直担负着塑造和传播中国品牌影响力的重要使命。多年来，我国民营企业积极投身打造国际品牌影响力，并涌现出如华为、阿里巴巴、腾讯、字节跳动、宁德时代、海康威视、科大讯飞、福耀玻璃、三一重工、大疆、海尔、京东、小米、美的、特变电工等一大批知名度高的民族品牌。

但是，我们要看到，我国民营企业大部分是中小微企业，规模小、资金少，抗风险能力弱，多数属于劳动密集型和低附加值的企业，代工、贴牌成为许多民营企

图3-4　十八大以来，我国品牌建设进入快车道，中国品牌在国际上的影响力与日俱增

业的代名词。不少企业品牌意识比较差，认为只要把产品卖出去就万事大吉，很少重视企业的品牌建设，其产品在自主创新力、质量、安全性、可靠性上存在短板。比如，海外对中国产品的印象仍以低价为主，中国与世界研究院发布的《中国国家形象全球调查报告2018》显示，64%的海外受访者对中国产品的质量问题表示担忧，32%认为品牌认知度不高，31%认为产品售后服务不佳。

2020年以来，新冠疫情给民营经济特别是传统服务业和制造业造成巨大冲击。但线上销售、医疗健康、智能制造等新兴产业和商业模式，却展现出巨大的成长活力和商业潜力。根据有关资料显示，疫情期间，很多行业的知名品牌，款式、制作工艺优良，品质有保证，因而受到市场和客户的青睐。这也告诉我们，拥有市场的唯一途径，是拥有占领市场主导地位的品牌。创建一个品牌，关键要看知名度、美誉度、满意度和忠诚度。知名度就是品牌在社会中的知晓程度，美誉度是品牌在包括消费者、供应商在内的各界人士心目中的良好形象，满意度体现了消费者对品牌的认可，而忠诚度是消费者对品牌的持续认可。

经过这次疫情，人们的消费方式变得更加理性，更加注重性价比，更加注重健康、安全、绿色。也就是说，消费者更加注重所买商品的品质及安全，品牌意识越来越强。这是疫情防控常态化后出现的新消费趋势。因为，品牌意味着质量，意味着创新，意味着安全。对于消费者来讲，有品牌的产品不仅在质量上能给予消费者以保证，更重要的是能满足消费者在消费时的那种愉悦感，使消费者从心理上得到更大的满足。消费者更愿意为品质花钱，有市场口碑的品牌产品将迎来大机会。

当前，国家鼓励扩大内需市场，而内需市场一定是以品牌来划分。在产品市场、消费品市场，是品牌说了算：品牌知名度大，市场份额大；品牌知名度小，市场份额小。如福耀玻璃的曹德旺，几十年来精心打造品牌，坚持"一辈子只做一片玻璃"，而且是专做汽车玻璃，在他熟悉的行业和领域用心耕耘，提高专业化生产、服务和协作配套的能力，不断扩大福耀玻璃品牌的影响力。民营企业家一定要坚持匠心精神，始终坚持做好产品品质，塑造品牌文化，以提高品牌品位及档次，满足更多高标准的消费需求。

进入新时代，我国社会主要矛盾已经转化为人民日益增长的美好生活需要和不平衡不充分的发展之间的矛盾。这一社会主要矛盾的深刻变化，标志着人民需要从追求数量阶段转向追求生活品质的新阶段。我国城乡居民恩格尔系数的变化更证明了这一点：1978 年时，城镇居民家庭的人均生活消费支出为 311 元，恩格尔系数为 57.5%，到 2021 年时，分别变为了 30 307 元（增长了约 97 倍）和 28.6%；1978 年农村居民家庭的人均生活消费支出为 116 元，恩格尔系数为 67.7%，到 2021 年时，分别变为 15 916 元（增长了约 137 倍）和 32.7%。改革开放使城乡居民走向富裕、多元化消费的生活。新时代，随着交通、教育、医疗、住房、就业、创业、文化、社会保障等民生领域的进一步改善，人民对生活的追求从"有没有"变成了"好不好"，高品质生活开始成为新的追求目标。

从国际发展经验来看，人均 GDP 达到 8000 美元后，消费者对衣、食、用等基本生活必需品的消费就会转向追求品种、品质、品牌，注重安全、健康等。麦肯锡 2018 年的报告显示，中国 50% 的消费者表明自己追求优质产品，消费者的选择正在从大众产品向高端产品升级。从居民消费升级的演进规律来看，我国居民消费将更多地从生存型升级到发展型和享受型。人民日益增长的美好生活需要，意味着人民生活已由"能过好"向"过更好"转变，意味着城乡居民消费由中低端向中高端转变，意味着市场需求开始由数量满足型向质量满足型转变。这就要求广大民营企业要顺应人民群众对美好生活的向往，顺应人民群众对优质化、多样化、个性化、品牌化需求持续攀升的市场需求变化，牢固树立高质量发展意识，认真研究好市场、研究透市场，根据市场变化调整企业产业结构、产品结构和投资结构，为社会提供高质量的产品和优质的服务。

品牌是自主创新的结晶，是企业质量、信誉和文化的载体，更是企业竞争力的综合体现。如华为集团长期致力于研发投入，持续构建产品和解决方案的竞争优势，成为全球获得最多发明专利的公司之一。正是依托不断领先的技术优势和品牌效应，华为成为全球有影响力的信息和通信解决方案供应商，100 多个国家都在使用该公司的产品。

广大民营企业家要深刻理解品牌在市场竞争中的作用。在市场经济中，进入市场交锋的是品牌，接受社会公众认同的是品牌，决定市场份额的还是品牌。多年来，企业界一直流传着这么一段话：一流企业卖品牌，二流企业卖技术，三流企业卖产品，四流企业卖苦力。这就告诉我们，要深刻认识品牌的价值。品牌是市场经济条件下民营企业的核心价值和无形资产，隐含着巨大的价值，是提高民营企业核心竞争力的关键因素之一。

今天，在过剩经济年代里，又叠加新冠疫情的严重冲击，民营企业要发展，必须创建品牌，走科技创新之路，以创新为动力，以自主知识产权为核心，不断提升品牌价值。品牌如果没有创新或创新不足，就没有竞争力，也就建立不了真正的品牌，即使有了品牌，也会成为无源之水，终将行之不远。所以，品牌需要持续的创新，只有不断改进和完善，才能保持旺盛的生命力和竞争力，才能永葆青春。

在实现高质量发展过程中，广大民营企业要想在市场上长盛不衰，必须积极实施品牌战略，把重视企业品牌建设作为提升企业核心竞争力的重要手段，牢固树立"质量第一"和"信誉至上"的理念，自觉增强品牌竞争意识，走专精特新的发展道路，提升自主创新能力，提高管理水平，加强质量管理，实现从产品经营向品牌经营转变。

当然，创建品牌是一个旷日持久的系统工程，绝非一蹴而就、一劳永逸的事情。实施品牌建设，成就一个知名品牌，需要数年甚至数十年的时间，需要有一个长久的战略愿景，需要长远的努力和系统的规划，需要技术、产品、质量、服务、消费者验证等长期的信誉积累，必须耐得住寂寞，经得起诱惑，必须脚踏实地、专心致志。要把建设一流品牌作为企业的长期目标和战略重点，把企业内所有部门聚集在同一战略愿景下，使工作在不同领域的员工朝一个共同的目标努力，进行长期的知识积累、工艺积累、经验积累、能力积累及社会资源积累，努力形成一批具有自主知识产权和关键核心技术的产品，提高产品认可度、知名度和美誉度，着力打造百年名店、百年名企。

当前，我国经济已由高速增长阶段转向高质量发展阶段，党中央提出"中国制造向中国创造转变、中国速度向中国质量转变、中国产品向中国品牌转变"。这就要求，企业的生产方式要从同质化竞争向差异化转型，产品定位要从低质量、价格战向高端化、品牌化转型，品牌输出方式要从产品出口、贴牌、代工向更高级形式转变。要顺应经济全球化、产业升级、消费升级大趋势，勇于担当起塑造和传播中国品牌影响力的重要使命，坚定不移地走自主创新和品牌发展道路，培养和引进技术研发人才，构建创新平台和团队，弘扬科学精神和工匠精神，注重产品安全性、可靠性、耐用性，夯实产品和服务质量，提高品牌营销水平，提高售后服务质量，塑造品牌市场竞争新优势，争创国际知名品牌，不断扩大中国品牌的国际影响力。

5 盈利模式变了

由"羊毛出在羊身上"，变为"羊毛出在猪身上狗买单"

自从人类社会有了商业活动以来，都是上游产业挣中游产业的钱，中游产业挣下游产业的钱，通过一手交钱一手交货来获取中间差价以赚得利润，人们形象地把这种商业盈利模式称为"羊毛出在羊身上"。

这种模式延续了几千年，成为一个千古不变的商业逻辑，无论是买家还是卖家，都自觉和不自觉地遵守这一准则。

但是，随着现代科学技术的不断发展，特别是 21 世纪以来移动互联网的出现，所有产业数字化和所有数字产业化的推进，改变了人类的生产方式、生活方式、思维方式和商业模式。现在，很多企业特别是互联网企业都在免费给你提供产品或服务，你不用花一分钱。每天几亿人次甚至几十亿人次免费使用它们的产品或服务，它们虽然不收费但企业却做得很大很有影响。"天上不会掉馅饼"和"世上没有免费的午餐"，在这儿成了老皇历。

图 3-5　互联网的出现使企业盈利模式发生了颠覆性变化

这里面的奥妙，就是它们采用了"羊毛出在猪身上狗买单"的盈利模式。

这里，我们谈谈企业盈利模式发生的颠覆性变化。比如，您在百度搜索信息，用 360 软件杀毒，去今日头条看新闻，用高德导航开车，上飞常准查询航班等，全部都是免费的。过去是"羊毛出在羊身上"，现在这块儿免费了，没"羊毛"了。它们不是福利部门，不是慈善机构，而是有几千人甚至几万人的大企业，靠什么方式生存发展？上市时用什么去确定它的估值？

　　它们靠的是两大法宝:一靠产品,二靠免费。互联网企业的特点就是拥有海量的用户。一个产品用免费获得海量用户之后,它的边际成本几乎趋于零,也就是 100 个人使用和 1 亿人使用,成本是一样的。然后,再通过广告或者增值服务等方式赚钱,这就创造了新的价值链。

　　互联网搜索网站就是十分典型的案例。按照传统商业模式,搜索网站创建一个搜索平台为社会提供信息搜索服务,它可以收取用户的服务费。假如一个客户一年的年费是 300 元,由于受消费能力的限制,一年能拿 300 元出来搜索的人并不多。如果中国每年有 1000 万人购买这项服务,这个搜索网站每年的总收入大约为 30 亿元。

　　现在这个搜索网站让大家免费使用,全国每天有几亿人次甚至几十亿人次上去搜索各类信息。这样,在你免费搜索信息的过程中,网站至少可以在几个方面获益:

　　第一,在你点击进入网站进行搜索之前,它会给你先推送若干秒钟的商业广告,商家自然要给网站付一笔广告费。

　　第二,你搜索的信息涉及商品方面时,它会按商家竞价排名给你推送有关商品信息。竞价排名收入也是网站收益的一个重要方面。

　　第三,在你进行信息搜索的过程中,网站还可以给你导入游戏、影视、音乐等，然后从中进行收费。

第四，当你去搜索自己需要的信息时，你的需求信息就留在了网站，而这些精准的需求信息对第三方商家特别有用。于是，网站就把这些信息精准匹配给第三方商家，从中获得利益。

……

就这样，这个搜索网站如果靠收取搜索费用，一年收入不过就是 30 亿元，而免费以后有了几亿、几十亿次使用量，它可以通过上述这些途径和渠道，获得几百亿元甚至超过千亿元的收入。

事实证明，大多数互联网行业都是在用户量积累到海量规模后，找到一种主营业务之外的业务模式，再开始变现。搜索网站和新闻网站的盈利模式就是典型的"羊毛出在猪身上狗买单"。"羊"即众多的搜索用户和新闻阅读者，"猪"是能给网站带来收入的竞价排名和广告商户，"狗"则是通过看了广告购买产品的那些消费者。现在，随着数据成为生产要素，"羊"身上的"羊毛"（由用户留在网站上的需求信息组成的大数据）越来越值钱。这就是互联网出现以后尤其是 PC 互联网上升为移动互联网后出现的全新盈利模式，人们把它称为"羊毛出在猪身上狗买单"。

当今，新冠疫情的冲击加速推动中国进入数字经济时代。物联网、大数据、云计算、5G、区块链、人工智能、元宇宙等新一代信息技术快速发展，给我国带来前所未有的生产生活大裂变。"十三五"时期，我国大数据产业年均复合增长率超过 30%，2021 年网民规模超过 10 亿，是全球最大的移动互联网市场。

巨大的用户需求带来了广泛的创新，推动中国在互联网领域由追随者变成引领者。广大民营企业特别是基于互联网创业的中小企业，一定要踏上时代潮流的节拍，继续发扬"敢为天下先"的拼搏精神，善于运用互联网思维，勇于创新，敢于突破，在新产业、新业态和新商业模式方面创造出无愧于时代的新业绩。

第 四 章
经营管理变化

改革开放初期，许多创业者"白天当老板，晚上睡地板"，凭借吃苦、打拼、敢干的精神，很快把企业发展起来，而如今必须依靠走创新发展道路。要自觉构建社会主义和谐劳动关系，建设一支负责任、有激情、高素质的职工队伍，使企业和职工成为利益共同体、事业共同体、命运共同体。改变家族式管理模式，建立现代企业制度，建立规范的公司治理结构。要致富思源、富而思进，先富带动后富，为促进共同富裕承担社会责任。

1 生产要素成本变了
由廉价获取，变为高企不下

　　我国民营企业大多从事传统产业，基本处于产业链低端，属于劳动密集型、资源依赖型和能源消耗型企业。在改革开放初期，许多企业凭借着人口红利、廉价的土地、能源原材料等，很快把企业发展起来。那时，从中西部劳务大省招来的农民工一个月只要几百元钱，你投资几百万元办企业，当地政府就能给你几亩地。有些地方政府为了招商引资，甚至可以零地价给企业。可以说，在改革开放以来很长一段时期内，低成本优势一直是民营企业得以快速发展的重要因素之一。

　　但是，随着我国劳动力、土地、资源、原材料等生产要素成本的上升，环境承载能力已经达到或接近上限，低成本制造的传统优势今天已经逐步丧失。目前中国很多地区尤其是东部地区，工人工资水平已超过东南亚国家。即使与美国等发达国家相比，中国制造的成本优势也已经不明显。虽然与欧美一些国家相比，我国制造在人工成本上还具有一定优势，但土地成本、物流成本、资金成本、能源成本、配件成本等均高于他们。

成本优势逐步丧失的同时，以高附加值为基础的新优势却尚未形成，导致了竞争优势下降。比如，企业人力成本持续上升，加上员工各项保险费用的增加，用工成本呈叠加式攀升。2016 年我国劳动力成本较 2005 年上升了 5 倍，企业"五险一金"占到了职工工资的 40% 左右。数据显示，多年来，各地连续大幅提高最低工资标准，2011 年全国有 24 个省份调整最低工资标准，平均增幅为 22%；2012 年全国有 25 个省份调整最低工资标准，平均增幅为 20.2%；2013 年全国有 27 个省份调整最低工资标准，平均增幅为 17%；2014 年全国有 19 个省份调整最低工资标准，平均增幅为 14.1%；2015 年全国有 28 个省份调整最低工资标准，平均增幅为 14%；2016 年，全国有 9 个省份调整最低工资标准，平均增幅为 9.8%；2017 年，全国有 20 个省份调整最低工资标准，平均增幅为 11%；2018 年全国有 26 个省份调整最低工资标准，平均增幅为 9% 左右。根据人社部统计，2019 年之前的 5 年间，全国最低工资标准年平均增幅为 13.1%，工资增长超过劳动生产率两三个百分点。人力成本的上涨使许多企业难以承受。

企业在物流、电价、天然气等方面也承担着较高的成本。我国物流成本是发达国家的 1 倍多，多数地区每度电价在 0.6 元以上。融资成本高也是一个重要方面。由于金融体制改革不到位，再加上我国实行的大都是抵押贷款而不是信用贷款，民营企业尤其是中小微企业即使能从商业银行获得贷款，利率也都在基准利率基础上进行上浮，加上担保费、审计费、工商查询费等，利率都要超过银行基准利率的 1 倍左右。

企业税费负担较为沉重，除了需要正常缴纳的各种税款外，还有各种行政事业性收费。尽管国家这几年大力开展减税降费，但据有关单位统计，目前向企业征收行政事业性收费的部门有十多个，收费项目有几十个大类。

2020 年新冠疫情发生以后，欧美各国多数采取经济刺激计划，货币流动性大大宽松，加上终端需求逐步恢复和受地缘政治等多重因素影响，导致大宗商品价格不断上涨。而我国经济早已深度融入世界经济，部分大宗商品外采比例比较高，国际价格上涨客观上带来输入性影响。2021 年 10 月，我国工业生产者出厂价格（PPI）

指数高达 13.5%，创有统计数据以来最高纪录；11 月有所回落，仍同比上涨 12.9%；12 月同比上涨 10.3%。2021年全年工业生产者出厂价格比上年上涨 8.1%，全年工业生产者购进价格比上年上涨 11%。

2022 年初，俄罗斯和乌克兰冲突事件的爆发，严重冲击全球产业链供应链稳定性，大宗商品价格继续上涨，加大我国输入性通胀压力。2022 年 3 月，国际能源、非能源价格指数环比分别上涨 24.1% 和 8.1%；全国 PPI 同比上涨 8.3%，工业生产者购进价格同比上涨 10.7%。一季度，我国原油、天然气、大豆进口均价同比分别上涨48.9%、74.1% 和 23.5%；工业生产者出厂价格比上年同期上涨 8.7%，工业生产者购进价格上涨 11.3%，给企业生产带来巨大成本压力。

以上这些，导致我国实体企业成本不断攀升，盈利水平大幅下滑。根据智研咨询提供的数据，受生产要素成本上涨影响，加上中小企业是疫情冲击下的"重灾区"，中小企业利润率同比下滑严重。2020 年，全国大型企业利润同比增速 −0.8%，较 2019 年下降 9 个百分点；中型企业利润同比增速 −30%，较 2019 年下降 8 个百分点；小型企业利润同比增速 −37.4%，较 2019 年下降 9.3 个百分点。2021

年，我国小微企业利润比大中型企业低 21.2 个百分点。这是导致一些中小微企业倒闭的重要原因。

党的十八大以来，党和政府高度重视生产要素成本上涨和税费较高给企业带来的负担问题，采取一系列有效措施，为各类市场主体减税降费、减租降息，取得了明显的成效。特别是 2020 年新冠疫情暴发以后，从中央到地方各级政府迅速出台了 8 个方面 90 项助企纾困政策措施。这些纾困措施直达基层、直接惠及企业特别是中小微企业，产生了积极的效果，为各类市场主体减少负担至少 4.3 万亿元（据各有关方面统计，其中减税降费约 2.6 万亿元，银行业让利约 1.5 万亿元，交通物流降低成本约 1300 亿元，减免电费约 1100 亿元）。2021 年，又为各类市场主体减负 1 万亿元。

2022 年 3 月下旬至 5 月底，上海、北京、天津、深圳、吉林、长三角、珠三角等地新一波新冠疫情冲击着我国社会生产生活秩序。受到疫情防控的影响，大量中小企业被迫停工停产，正常的生产经营活动全面停滞，困难在某些方面和一定程度上比 2020 年上半年疫情的冲击更大。针对疫情给我国经济社会造成的严重冲击，国务院出台《扎实稳住经济的一揽子政策措施》共 6 个方面

33 项，其中退税 2.64 万亿元，4000 亿元小微贷款，国家融资担保资金 1 万亿元，铁路建设债券 3000 亿元，专项债规模 3.65 万亿元，2023 年的专项债规模 2 万亿元左右，900 亿元商用货车贷款，3500 亿元航空专项贷款和债券等。

这些助企纾困政策，有效对冲了实体企业特别是中小微企业生产经营所面临的压力，促进了经济社会的整体复苏与平稳运行。

但是，我们要看到，当前全球疫情仍未完全结束，俄罗斯和乌克兰冲突深刻改变国际政治经济格局，大宗商品价格持续上涨、能源供应紧张，严重影响世界经济复苏，多种风险挑战交织叠加，国内外环境更趋复杂严峻和不确定。我国经济发展面临需求收缩、供给冲击、预期转弱三重压力边际强化。消费和投资恢复迟缓，出口难度增大，能源原材料供应更紧，中小微企业和个体工商户生产经营更加困难。

习近平总书记在党的二十大报告中再次强调："我们要构建高水平社会主义市场经济体制，坚持和完善社会主义基本经济制度，毫不动摇巩固和发展公有制经济，毫不动摇鼓励、支持、引导非公有制经济发展。"在具体政策上，中央从财政资金直达、减税降费、金融支持、

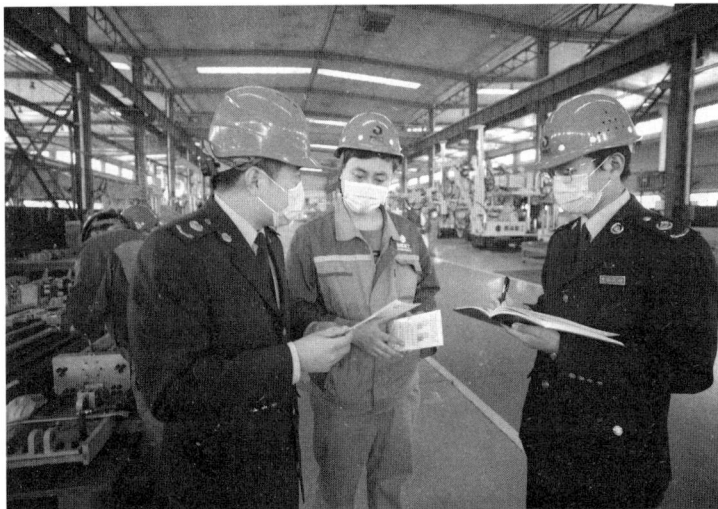

图 4-1　税务部门工作人员在企业宣传减税降费优惠政策，为企业纾困解难

优化营商环境、鼓励科技创新、外贸支持等方面，对民营中小微市场主体的支持进行了全面部署。民营企业要结合企业发展实际，善于用好、用活、用足党和政府的各项政策：

一要用好融资政策。中央一再强调，要强化对实体经济的金融支持。一是加大稳健的货币政策实施力度。扩大新增贷款规模，保持货币供应量和社会融资规模增速与名义经济增速基本匹配，保持宏观杠杆率基本稳定。二是引导资金更多流向重点领域和薄弱环节，扩大普惠金融覆盖面。推动金融机构降低实际贷款利率、减少收费，让广大市场主体切身感受到融资便利度提升、综合融资成本实实在在下降。三是用好普惠小微贷款支持工具，增加支农支小再贷款，推动普惠小微贷款明显增长，信用贷款、首贷户和无还本续贷比重继续提升，将普惠小微贷款支持工具的资金支持比例由 1% 提高至 2%。四是对中小微企业和个体工商户、货车司机贷款及受疫情影响的个人住房与消费贷款等实施延期还本付息至 2022 年底。

二要用好税收减免政策。在企业税费减免政策方面：一是延续实施扶持制造业、小微企业和个体工商户的减税降费政策，并提高减免幅度、扩大适用范围。对小规模纳税人每个月营业额在 15 万元以下的免征增值税。对小微企业年应纳税所得额 100 万元至 300 万元部分，再减半征收企业所得税。二是综合考虑为企业提供现金流支持、促进消费投资、大力改进增值税留抵退税制度，对留抵税额实行大规模退税，2022 年出台的各项留抵退税政策新增退税总额达到 1.64 万亿元。优先安排小微企业，对小微企业的存量留抵税额一次性全部退还，增量留抵税额足额退还。重点支持制造业，全面解决制造业、科研和技术服务、生态环保、电力燃气、交通运输等行业留抵退税问题。三是加大研发费用加计扣除政策实施力度，将科技型中小企业加计扣除比例从 75% 提高到100%，对企业投入基础研究实行税收优惠，完善设备器具加速折旧、高新技术企业所得税优惠等政策，这相当于国家对企业创新给予大规模资金支持。四是将中小微企业、个体工商户和 5 个特困行业缓缴养老等三项社保费政策延至 2022 年底，并扩围至其他特困行业。将大型企业稳岗返还比例由 30% 提至 50%。将失业保险留工培训补助扩大至所有困难参保企业。企业招用毕业年度高校毕业生，签订劳动合同并参加失业保险的，可按每人不超过 1500 元的标准，发放一次性扩岗补助。五是"六税两费"减免政策。财政部、国家税务总局发布《关于进一步实施小微企业"六税两费"减免政策的公告》，对增值税小规模纳税人、小型微利企业和个体工商户可以在 50% 的税额幅度内减征资源税、城市维护建设税、房产税、城镇土地使用税、印花税（不含证券交易印花税）、耕地占用税和教育费附加、地方教育附加。

三要用好降费政策。一是对受疫情影响暂时出现生产经营困难的小微企业和个体工商户用水、用电、用气

"欠费不停供"政策，设立 6 个月的费用缓缴期，缓缴期间免收欠费滞纳金。2022 年，中小微企业宽带和专线平均资费再降 10%；对服务业小微企业和个体工商户承租国有房屋减免 3—6 个月租金。二是受疫情影响的企业，可按规定申请缓缴住房公积金，到期后进行补缴。受疫情影响的缴存人，不能正常偿还住房公积金贷款的，不作逾期处理，不纳入征信记录。三是加大清理涉及民间投资管理的行政审批事项和涉企收费力度，推动各类中介机构公开服务条件、流程、时限和收费标准。清理规范行业协会商会、中介机构等收费。开展涉企违规收费专项整治行动，建立协同治理和联合惩戒机制，坚决查处乱收费、乱罚款、乱摊派。当前企业反映比较大的是行政事业性收费较多，特别是一些部门将减少的审批环节作为第三方事项，交给有关联的咨询公司、评估公司、行业协会等中介，变相强制收费，不通过它们就不批。企业家批评这些所谓的"红顶中介"："戴着市场的帽子，拿着政府的鞭子，坐着行业的轿子，收着企业的票子。"通过整治行动，降低了行政审批前置中介费用和涉企的评估费、咨询费、保证金等制度性交易成本。

当前和今后一个时期，在各种生产要素成本不断上涨、传统优势逐步丧失又叠加新冠疫情冲击的情况下，民营企业要突围，必须坚持创新驱动，积极推进技术创新、产品创新和商业模式创新，降低产品成本，提高产品质量，开拓产品市场，实现质量增进和成本优势的双重提升，提高市场竞争能力和抵御风险能力。政府也要采取各种措施，尽力为企业减轻各种负担，特别是降低人工成本、税负成本、社会保险性成本、物流成本、融资成本、排污成本、制度性交易成本等生产要素成本，激发企业发展的活力和竞争力。

2 发展途径变了
由靠吃苦和魄力，变成靠科技和资本

我国许多民营企业都是从家庭小作坊和"提篮小卖"发展起来的。他们的经验是，过去发展主要靠吃苦、靠魄力、靠打拼。比如，广东人称自己"白天当老板，晚上睡地板"。温州人说"只有鸟飞不到的地方，没有温州人到不了的地方"。闽南人更是唱着《爱拼才会赢》去闯天下。

那年头，你只要有魄力扛起一杆旗，成立一个公司，不论做鞋做服装，还是做糖果烤面包，都能卖出去，都可以挣到钱。比如，贵州的神奇制药就是用 3000 元钱支起一个锅做起来的；河南三全集团从做汤圆、卖饺子发展成为中国最大的速冻食品制造商；广州白云电器从一个小小的打铁铺发展成为全国知名大企业。类似的例子举不胜举。他们的发展，一靠吃苦，二靠打拼。今天发展企业仍然需要这种精神，但更重要的是要靠智慧和资本。否则，拼得越猛就会产生越多的产能过剩，可能倒得更快。

在科学技术高速发展的今天，各种新技术、新产品、新服务、新模式、新业态层出不穷，必须用知识、智慧和资本来寻求企业新的发展之路。比如，新冠疫情使我国经济特别是民营企业中的传统制造业和服务业遭受重创，但阿里、腾讯、字节跳动、美团、京东、蚂蚁金服、小米、抖音、宁德时代、科大讯飞等高科技企业，受影响就比较小，有的企业甚至逆势而上。其中最重要的原因，就是这些企业运用了代表时代潮流的先进科学技术和商业模式。华为集团 30 多年来始终坚持走创新驱动发展的道路。2017 年研发费用 897 亿元，累计获得专利授权 74 307 件，累计申请国内专利 64 091 件，累计申请国外专利 48 758 件；2018 年，华为研发投资 1015 亿元，占全国总量的 5.2%，获得的专利占全国总量的 10%；2019 年，华为研发支出达到 1317 亿元，占其销售收入的 13.9%，占全国研发支出的 6%；2020 年，华为研发投入 1419 亿元，继续位居民营企业 500 强首位。目前，华为研发投资排名世界第四，企业专利申请总量居世界第一，从基于客户需求的技术和工程的创新逐步迈向推动基础科学研究和基础技术发明的创新，不仅为市场提供具备创新功能的产品与服务，也在无线领域、光领域等成为产业标准的引领者。用任正非的话说，"自从华为成立以来，就瞄着一个城墙口冲锋"。

环顾全球，科技创新广度显著加大，深度显著加深，速度显著加快，精度显著加强。以人工智能、量子信息、移动通信、物联网、区块链为代表的新一代信息技术加速突破应用，以合成生物学、基因编辑、脑科学、再生医学等为代表的生命科学领域孕育新的变革，融合机器人、数字化、新材料的先进制造技术正在加速推进制造业向智能化、服务化、绿色化转型，以清洁高效可持续为目标的能源技术加速发展将引发全球能源变革，空间

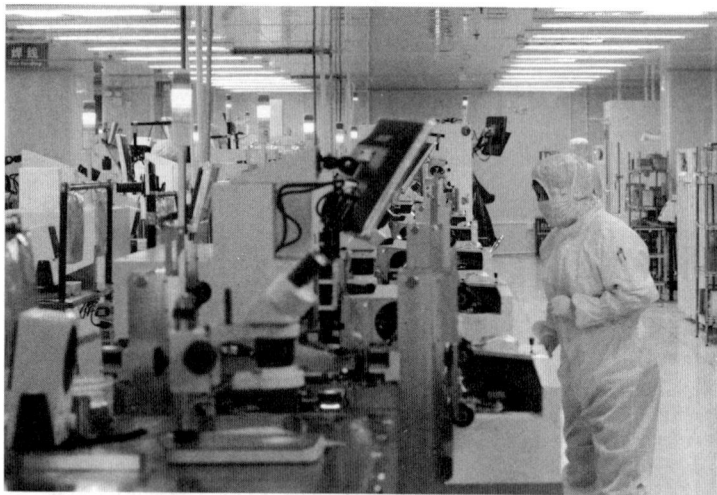

图 4-2　科技和资本共同促进民营企业新发展

和海洋技术正在拓展人类生存发展的新疆域。今天，科学技术的发展远远超过了人们的预想。有的创业者说，过去是"一招鲜，吃遍天"，现在是"一招鲜，吃三天"。

当前，继机械化、电气化、自动化等产业技术革命浪潮之后，以信息网络技术加速创新与渗透融合为突出特征的新一轮工业革命正在全球范围内孕育兴起，数字经济正成为全球经济增长的重要驱动力，依靠高科技发展的趋势十分明显和突出。基于互联网创业的企业发展，更是具有明显的科技和资本的鲜明特色，尤其是那些"独角兽企业"（在创业较短时间内市值达到10亿美元）就是典型的代表。2020年，中国共计有251家"独角兽企业"，总估值首次超过万亿美元，其中估值超过100亿美元的"超级独角兽"共12家，如字节跳动、蚂蚁集团、菜鸟网络、快手、微众银行、京东科技等企业。京东集团多年来坚持科技创新，大力引进高端技术人才，先后从国外引进5位院士、50多个全球顶级科学家，全力开展技术研究和创新。2017年至2021年底，连续投入800多亿元用于技术创新。特别是2021年1月，京东科技在原京东数科与京东智联云基础上进行重组，融合了两大技术业务板块的综合实力，现已成为整个京东集团对外提供技术服务的核心平台，形成专门部门、专门力量持续深入开展大数据、人工智能、区块链、物联网等前沿科技的研究。截至 2021 年底，累计申请专利 1.5 万个，在国际顶级技术会议上共发表相关论文 437 篇，并在多项国际性学术赛事中获得 19 项世界第一。目前，京东已发展成为拥有 40 万名员工、平台用户数达 5.7 亿的特大型高科技企业。

"独角兽"的成长，主要靠技术、人才、资本、市场和商业模式等几驾"马车"，其中使之爆炸式成长的是资本。习近平总书记指出："资本是带动各类生产要素集聚配置的重要纽带，是促进社会生产力发展的重要力量，要发挥资本促进社会生产力发展的积极作用。"现在，市场上流行的一个术语"烧钱"，就是说明资本在企业发展中的重要作用。比如，蔚来汽车、理想汽车和小鹏汽车的融资，也都达到相当的规模。那些天使基金和风险基金投的是预期、是未来。

我国民营企业家要看到，以物联网、大数据、云计算、新能源、新材料、基因技术、智能机器人等为主要内容的新一轮科技革命正在蓬勃发展，建立在这些新技术基础上的新产业、新业态、新服务、新模式不断兴起。基于这些高新技术发展起来的新兴产业，许多投资基金都是抢着买、追着投。

这充分说明，如今发展企业仍然需要吃苦和魄力，但更要靠高科技、大资本，才能做得更大更强。

总之，改革开放初期，民营企业靠着"踏尽千山万水、吃尽千辛万苦、说尽千言万语、历尽千难万险"的老"四千四万"精神，创造了辉煌的业绩。今天，必须发扬积极适应时代的千变万化、主动经受创新的千锤百炼、在发展前沿展现出千姿万态、在新征程上奔腾千军万马的"新四千四万"精神，为全面建成社会主义现代化国家、实现中华民族伟大复兴的中国梦作出更大贡献。

3 用工方式变了

由雇佣关系，变成事业、利益和命运共同体

我国民营企业绝大多数是劳动密集型企业，为解决社会就业、提高城乡居民收入、实现共同富裕作出了巨大贡献。

在改革开放以来的相当长一段时间里，由于我国人口众多、劳动力过剩、人工成本比较低廉，用工相对容易。绝大多数企业能够自觉遵守国家有关劳动保障的法律法规和政策，认真履行社会责任，依法保护劳动者的各项合法权益。

但是，有一些企业法治观念淡薄，再加上受利益的驱使，不能善待职工，把职工当作雇佣者对待，造成劳动关系紧张，尤其在劳动就业、社会保障、工资分配、安全卫生等方面问题比较多。比如：有的劳动关系不规范，劳动合同签订率低；有的超时加班加点，随意克扣和拖欠职工工资；有的工作环境恶劣，安全与卫生条件得不到基本保证；有的社会保险缴纳不规范，损害劳动者的社会保障权益；有的随意辞退和解雇职工，甚至体罚职工、侮辱其人格和尊严；等等。这些，严重破坏劳动关系，造成社会矛盾和冲突，损害了企业的自身利益和发展，企业主也成了"黑心老板"。

无数事实证明，一个企业成功的背后，是成千上万职工的共同付出和集体智慧。职工是企业最宝贵的资源和财富，是企业最基本的依靠力量。一个企业，失去了人才就失去了一切。企业的"企"字，去掉了"人"，就"止"了。所以，管好人、用好人、留住人，是企业兴盛不衰的关键。企业无论大小，也不管从事什么行业，都必须拥有一支高素质的职工队伍。在市场经济条件下，企业之间的竞争最终是人才的竞争，人才的数量和质量，决定着企业的自主创新能力、市场竞争能力和抵御风险能力。

党和政府历来高度重视构建中国特色劳动关系。2015年4月，中国政府网公布《中共中央 国务院关于构建和谐劳动关系的意见》，提出要构建"劳动用工更加规范，职工工资合理增长，劳动条件不断改善，职工安全健康得到切实保障，社会保险全面覆盖，人文关怀日益加强，有效预防和化解劳动关系矛盾，建立规范有序、公正合理、互利共赢、和谐稳定的劳动关系"。

当前，我国仍处于经济社会转型时期，劳动关系日益市场化、多样化和复杂化，劳动关系矛盾进入凸显期和多发期，劳动争议案件居高不下。一些职工的劳动就业、收入分配、社会保障等权益受到侵犯，有的地方拖欠农民工工资的现象屡有发生，构建和谐劳动关系的任务艰巨繁重。我国劳动力过剩、劳动力低廉的时期已经过去，从产业发展和企业结构的调整看，对人才的需求量不断增加，由此导致招工难、用工难也成为必然的发展趋势。同时，我国职工队伍中 80 后、90 后已经成为主力军，这些新生职工与改革开放初期的农民工相比，思想观念、价值取向和行为方式都有很大的不同，他们对薪酬、待遇的要求更高，对工作环境也有更高的期盼。这些，对新形势下企业如何善待职工、关爱职工、留住人才、用好人才提出了严峻的挑战。

令人高兴的是，许多民营企业按照构建社会主义和谐劳动关系的要求，努力把职工当作企业最宝贵的资源和财富，把职工的成长发展同企业的健康发展相结合，把职工的个人责任同企业的社会责任相结合，努力建设出负责任、有激情、高素质的职工队伍，使企业和职工成为"利益共同体、事业共同体、命运共同体"。浙江传化集团、永辉超市就是这方面的典型。

浙江传化集团自 1986 年创立以来，一直把职工作为企业的第一资源，把人的发展作为企业优先发展的目标。多年来，传化坚持"事业以人为本、发展以人为先"的理念，把企业发展与职工发展紧密结合了起来，让职工充分感受到工作有平台、作为有机会、发展有空间。他们坚持以依法管理为前提，积极维护职工的合理合法权益。公司严格按照《劳动法》《劳动合同法》等国家有关劳动保障的法律法规，与所有职工签订正式劳动合同，详细明确约定双方的权利和义务，劳动合同签订率一直保持 100%，履约率 100%。

长期以来，传化集团努力创造条件，加强对职工的人文关怀。在硬件环境方面，加强车间与厂区环境的建设和劳动保护工作，为职工营造健康、舒适、安全的生产环境；在生活环境方面，建立职工餐厅，实行福利性用餐，建设设施齐全的职工社区和文化活动场所，提供职工住宿的过渡性住房，解决职工的吃、住、行、文体活动等方面的困难；在劳动管理机制方面，严格控制加班，确保职工的正常休息；在职工培训机制方面，提供时间保障和资金支持，鼓励职工参加各类学历教育、职业进阶培训；在收入分配机制方面，设计了工资动态浮动机制，推行工资总额管理，建立工效挂钩机制，确保职工的基本收入稳定和收入稳步增长。

和谐的劳动关系、真诚的关爱，换来职工真诚的回报，极大地激发了职工的创造力，成就了企业的发展。传化从家庭作坊起步，如今已发展成为一家集化工、物流、农业、科技城、投资等领域于一体的多元化民营企业，产品覆盖全球 80 多个国家和地区，多年来一直位居中国民营企业 500 强之列。

永辉超市是一家拥有几万名职工的零售大企业。为了增加职工的薪酬，也为了节约成本及提升营业收入，永辉在运营机制方面对职工实行合伙人制，把薪酬和绩效挂钩，把门店利益和个人目标一体化，使大家成为利益共同体。这一机制的特点是，职工不承担企业风险，但担当经营责任，根据价值进行多次利益分配。这样一来，职工自己的收入与品类、品种、科目柜台等收入挂钩，只有自己提供更出色的服务，才能得到更多回报。以水果蔬菜为例，由于薪酬和绩效挂钩，职工在码放果蔬时就会轻拿轻放，并注意做好保鲜工作，损耗率只有 4% 至 5%，而国内整个果品蔬菜市场损耗率是 10% 至 30%。减少损耗、节约成本，企业业绩增长，职工的薪酬也提高了。老板想做的也是职工想干的，企业和职工成为事业、利益和命运共同体的做法，是永辉超市这几年快速发展的重要原因。

在新的形势下，随着老龄化进程的加快和生育率的走低，我国劳动力市场正在发生深刻变革，劳动力供给不仅增速下降，供给规模也开始减少。尤其是受新冠疫情冲击，投资、消费、出口拉动增长和带动就业能力下降，随着经济结构调整和产业转型升级，一些地区招工难、用工荒和技工短缺的状况日趋严重，劳动力供求结构性矛盾十分突出。在这种情况下，广大民营企业要构建新型和谐劳动关系，充分调动和激发企业职工的积极性和创造性，把企业和职工打造成利益共同体、事业共同体、命运共同体，必须处理好以下几个方面的问题：

第一，企业必须坚持以人为本。不能简单地把企业与职工的劳动关系看成雇佣与被雇佣的关系，把职工仅仅当作劳动力来使用，而应该看成"具有内在的建设性潜力"的因素，当作一种使企业在激烈的竞争中生存发展、始终充满生机与活力的特殊资源进行发掘。采取各种措施和手段，充分激励和调动每一个职工的积极性、主动性和创造性，让职工满怀希望而来，更让职工充满更大的期望留在企业，这样才能实现企业的发展与人的发展和谐统一。比如，娃哈哈集团坚持"发展依靠员工，发展为了员工"的人本理念。在回报国家、回馈社会的责任感带动下，形成了"凝聚小家，发展大家，报效国家"的企业文化。公司将员工视为企业最重要的资源，为员工打造了一个幸福安稳的爱心家园，在凝聚力量使企业发展壮大的同时，带动国家经济及区域发展，促进社会就业，并开展节能环保及公益慈善活动，回报国家和社会。京东集团是一个有 40 万员工的特大型高新企业，集团始终坚持以人为本的理念，视人才为企业发展的宝贵财富。集团有从事分拣、仓储、配送等一线员工 26 万人，公司全力保障职工权益，与这些"小哥"全部签订正式的劳动合同，缴纳"六险一金"，一线物流员工月均工资超过 1.1 万元。

第二，企业必须坚持以职工为根本。尊重和保证职工的合法权益，解决职工最关心、最直接、最现实的利益问题，做到"五个确保"：确保每个职工有工作岗位和合理收入，确保每个职工有安全生产和劳动保障条件，确保每个职工享有教育培训和发展提高的机会，确保对每个困难家庭实施帮扶救助，确保每个职工实时感受到企业的温暖。职工有了"家"的感觉，有了获得感、成就感、幸福感、归属感，对企业的忠诚度就会提升，企业的凝聚力、创造力、竞争力就会增强，企业就会走向良性发展的轨道。如阿里巴巴集团在保障劳动者合法权益方面，严格遵守国家相关法律法规，向劳动者提供平等的就业机会，公平、公正对待不同国籍、种族、年龄、性别、宗教信仰和文化背景的员工。同时，集团高度重视员工健康与安全，为员工提供职业健康培训、安

图 4-3　积极构建新型和谐劳动关系，充分调动和激发职工积极性和创造性

全教育培训、重大疾病绿色就医通道等支持保障。在提高员工福利、打造有温度的工作环境方面,阿里集团推出了"全橙爱"综合福利计划,从财富保障、生活平衡、健康医疗三个方面,全程呵护员工及其家人的身心健康。2021 年底,集团进一步升级"暖心计划",内容包括延长产假、新增 7 天全薪陪伴假、工作年限满 10 年员工可额外享受 20 天全薪服务假、允许每周一天灵活办公等。

第三,企业要引导职工自觉树立相互依存的共同体观念。企业一方面要为职工创造良好的工作、生活条件,另一方面要引导职工自觉强化责任感,把企业的利益当作自己的利益,与企业同荣辱共患难。要创造条件让职工加强自身学习,参加各种培训活动,学习新技术,掌握新技能,提高职业素养,恪守职业道德,爱岗敬业,干一行爱一行。同时,还要学法、懂法、守法、依法维权,善于用法律手段维护自身合法权益。如安泰(德清)时装有限公司是一家专门生产各类针织、梭织服装的企业,公司从 2003 年成立起,就确立并大力实施"把企业打造成劳动者乐园"的战略目标,将企业文化内化到企业员工的意识当中,切实引导激励员工行为,使抽象的社会责任理念具体化、形象化,让员工始终处于责任文化理念的氛围之中，逐步树立企业的核心价值观，从内心深处认同并自觉遵守企业的道德规范、行为准则，从而有效地提高员工的道德素质，增强了公司的向心力、凝聚力。公司的员工经常碰到要求他们的产品贴牌出货的客户，但他们坚持没有合法授权就不予接单，宁可舍弃利润丰厚的业务也必须讲求诚信。在公司的影响下，员工人人讲诚信，处处讲质量，不仅留住了老客户，大量新客户也纷至沓来。

党的二十大报告提出："健全以职工代表大会为基本形式的企事业单位民主管理制度，维护职工合法权益。"在企业建立规范有序、公正合理、互利共赢、和谐稳定的社会主义新型劳动关系，实现企业与职工互动、真诚合作、共谋发展，是党中央对广大民营企业的期盼。相信我国广大民营企业一定会自觉遵守国家有关劳动保障的法律法规，积极履行社会责任，善待职工、关心职工、理解职工、尊重职工，让职工有好的舞台、好的心情、好的环境，充分激发出职工的智慧、热情和活力，从而使自身拥有强大的凝聚力、创造力和竞争力，与职工成为利益共同体、事业共同体、命运共同体。

4 管理模式变了

由家族企业管理模式，变为依靠现代企业制度管理

家族企业是由婚姻、血缘或收养关系产生的亲属之间共同投资或共同拥有，从事生产经营活动的企业组织形式。我国民营企业大多数是家族企业，通常实行企业的所有权、经营权、决策权、执行权、监督权"五权合一"的家族管理模式，也就是由家族成员们共同对生产经营活动实施管理的方法和模式。

改革开放以来，随着我国营商环境的不断改善，截至 2022 年 9 月底，民营经济已经发展到 1.57 亿个市场主体的规模，其中私营企业 4740 多万户。据有关机构抽样调查，我国私营企业尤其是中小微企业，其治理结构主要以企业主为中心，90% 的企业主兼任企业总裁（总经理），他们集投资者、决策者、管理者于一身。也就是说，家族制从改革开放到现在一直是民营企业制度的基础，家族式管理广泛存在于各类民营企业之中。

从 40 多年来无数民营企业走过的发展历程看，民营企业特别是中小微企业处于初期发展阶段时，由于企业规模小，管理层次少，企业的经营管理可以通过血缘关系来实现，家族式管理模式具有一定的优势，主要表现在以下几个方面：

第一，家族企业具有很强的凝聚力。"打虎亲兄弟，上阵父子兵。"组成企业的同一家族成员，尤其在创业初期彼此具有高度的认同感和一体感，容易产生高信任度和高忠诚度，形成稳定的心理契约，能够相互信任、同舟共济、患难与共，保证企业的顺利发展。

第二，家族企业能够较快完成资本的原始积累。利用血缘、亲缘和地缘关系，家族企业不仅容易获得创办企业所需的人力资本和物质资本，而且凭借家族成员之间特有的关系和相关的社会网络资源，能够以较低的成本迅速集聚人才，促使参与企业经营生产的家族成员全身心地投入，甚至可以不计报酬地艰苦创业，因而能够在短时间内获得竞争优势，较快地完成资本的原始积累。

第三，家族企业决策运营效率较高。家族企业是在家族伦理道德规范的制约下进行运作和管理的，管理的集权性决定了决策的快速性，企业主可以依靠商业经验指挥家族企业，对家族企业的重大事务迅速作出决策，为应对市场变化赢得宝贵时间。

第四，家族企业能够节省大量管理成本。 企业在初创阶段的所有权与控制权合二为一，管理的特点是创业者或家族成员在企业中占主导地位。这种治理模式几乎没有代理问题，因此没有监督成本和管理费用。

第五，家族企业能够避免短期行为。 家族的血脉亲缘关系使企业经营者在观念、利益和对问题的认识上具有一致性，他们非常注重家族的延续性，期望家业长青。他们会要求子女继承企业的经营方针并予以发扬光大，所以家族企业往往更具长远观点。

但是，民营企业家族式管理模式也存在不少问题，主要表现在这几个方面：

一是家族企业容易造成封闭性产权。 家族企业多为创业者或家族持有，所有权高度集中，家族成员常常不愿让投资者来参股分享利益，也不愿向多元化产权结构转变。部分企业主担心失去对企业的绝对话语权，不愿意推进产权多元化改革，普遍存在家族股"一股独大"现象。这种产权的单一性、集中性，阻碍了资源的有效流动和配置，因而不能有效发挥企业效率。

二是家族企业决策有时缺乏科学性。老板拥有绝对权威，往往说一不二。但是，在企业规模不断扩大、经营不断拓展、市场竞争日趋激烈的情况下，经营者往往受自身知识、掌握的信息等多方面的局限，难以作出正确的决策。特别是由于缺乏民主决策的机制和来自内外有效的监督制约，一些企业主决策随意性强，受情绪、亲属、个人能力等因素的影响较大，导致决策的盲目性和风险性较高。同时，部分家族成员凌驾于企业制度之上，经常以亲情代替制度管理企业，缺少必要的权力监督，不利于企业的权力制衡，容易形成不合理的权力运作机制。

三是家族企业较难引进优秀人才。家企不分的产权闭塞，必然造成管理具有很强的垄断性，外部各种优秀人才难以进入企业管理岗位，企业中高层管理人员往往是以自己的亲属为主，关键岗位只用"自己人"，大多是用人唯亲而非用人唯贤，从而限制了外来优秀技术、经营、管理人才的输入。由于家族成员在企业中掌握了重要职权，一些人才往往难以得到提升，产生了"卖身打工"的自卑感，这就必然挫伤其积极性和创造性，导致工作效率降低。

四是共有式产权造成家庭成员之间产权不清晰。不少家族企业是由夫妻、父子或兄弟姐妹共同创立的，其内部产权往往不明晰，主要表现为个人财产和企业财产划分不清，以及家庭成员间产权模糊，没有将股权量化到个人，这种带有强烈的血缘、亲缘性质的产权模式，使得企业发展深受个人和家族的制约。特别是遇到企业继承或分立的状况时，问题就更为突出，有可能出现内部纷争，夫妻反目、父子反目、兄弟反目，导致企业走向没落。

从以上分析可以看出，家族式管理具有权责统一、自主管理、运作灵活、决策迅速、效率较高的优点，是民营企业创业初期的基本模式。家族式管理在民营企业特别是中小微企业发展的一定时期和一定条件下，有其必然性、必要性和合理性，对民营企业发展初期能够发挥较高的效率和较好的作用。无数的事实也证明，这种方式在企业起步阶段，无疑是最适合、最有效的，也是最有利于企业发展的。

在我国民营经济发展过程中，有许多优秀民营企业能比较清醒地对待家族企业管理出现的各种问题，努力摆脱家族经营制的束缚，走所有权、经营权分离的道路，从家族式管理向现代企业制度转变，发展成为全国知名的大型企业或超大型企业。比如，万向集团的鲁冠球家族、福耀集团的曹德旺家族、娃哈哈集团的宗庆后家族、沙钢集团的沈文荣家族、步长集团的赵步长家族、方太集团的茅理翔家族、恒安集团的许连捷家族、正泰集团的南存辉家族、新希望集团的刘永好家族、传化集团的徐冠巨家族、均瑶集团的王均金家族、红豆集团的周海江家族、碧桂园集团的杨国强家族，等等，就是其中的优秀代表。

万向集团创始人鲁冠球先生在企业传承过程中进行了

图4-4 许多民营企业在发展中不断壮大，实行现代企业制度

井然有序的安排，实现了企业顺利交班、平稳过渡。其子鲁伟鼎从新加坡学成归国后，便接任总裁职务，在鲁冠球支持下，推行了"大集团战略、小核算体系、资本式经营、国际化运作"战略，使万向集团顺利完成从"总厂式"向"集团化"转变。鲁伟鼎带领万向集团由传统汽车向创新领域发展，也不断地提升自己的影响力和掌控力。正是由于鲁冠球在培养接班人上的早安排、早培养、早锻炼，有步骤、有计划地提升鲁伟鼎的能力和水平，在鲁冠球 2017 年 10 月逝世后，万向集团避免了波折，实现了平稳顺畅传承。

我们要看到，当民营企业发展到一定程度，资产达到一定规模，市场活动更加频繁时，特别是企业生存的制度、环境发生改变的条件下，家族制的公司治理结构不健全、经营管理理念落后、运作方式不规范、高素质人才缺乏、研发投入不足等问题就会充分暴露出来，成为制约企业做优做强做久的绊脚石，造成企业寿命较短，难以发展壮大。

如今，经过改革开放 40 多年的洗礼，我国第一代、第二代家族企业的创业者已经迈入耳顺之年，他们的子女陆续走上"接班人"的前台。越来越多的家族企业普遍面临着两代企业家更替的问题。据中国民营经济研究会家族企业委员会 2017 年调查报告，如果按照 60 岁退休的界限，在未来 10 年，中国将有 300 多万家以上的家族企业面临传承"大考"。无论是从时间的紧迫性还是群体的数量上看，中国这种大规模的代际传承在世界范围内的企业发展史上都绝无仅有。

2019 年 12 月，中共中央、国务院颁发《关于营造更好发展环境支持民营企业改革发展的意见》，指出："要引导民营企业深化改革。鼓励有条件的民营企业加快建立治理结构合理、股东行为规范、内部约束有效、运行高效灵活的现代企业制度，重视发挥公司律师和法律顾问作用。鼓励民营企业制定规范的公司章程，完善公司股东会、董事会、监事会等制度，明确各自职权及议事规则。鼓励民营企业完善内部激励约束机制，规范优化业务流程和组织结构，建立科学规范的劳动用工、收入分配制度，推动质量、品牌、财务、营销等精细化管理。"

2021 年，重庆市对民营企业代际传承做了一次专题调研，目前第一代民营企业家中仅有 14.12% 实现了接班，超过 85% 还未能交班，甚至超过一半数量还是自己在从事全部的经营管理；有 39.08% 的第一代民营企业家现在根本没有考虑过交接班的问题，有 32.93% 的第一代民营企业家子女不愿意继承家族产业，更多的意愿是自行创业或另谋职业。这些，将可能影响家族企业传承和民营经济的持续发展。

大家知道，世界各国都广泛流传"富不过三代"的说法，为家族企业传承方式蒙上了一层悲剧色彩。据有关专家统计，全世界范围内第一代到第二代传承成功的只有 30%，第二代到第三代成功的只有 15%，第三代以后的成功率只有 5%。也就是说有 70% 的企业，会在 5—10 年因为交接班问题而被淘汰。

如何打破魔咒，让更多的家族企业基业长青、世代传承、永续发展？必须按照二十大提出的"完善中国特色现代企业制度，弘扬企业家精神，加快建设世界一流企业"的要求，切实解决好以下几个问题：

一是要建立现代企业制度。基于家族化管理的凝聚力、灵活性、有效性，以及在代理问题上的优势，民营企业比较难以摆脱家族化倾向，并且在相当长一段时期内会继续存在。但是，广大民营企业家一定要清醒地认识到，当企业发展到一定程度和资产达到一定规模时，家族制管理固有的排他性和集权性的缺陷就会充分暴露出来，容易因为自身治理失范发生危机。所以，今

178

天的家族企业，在面对激烈的市场竞争和不确定因素以及制度环境发生改变的情况下，一定要认真对待企业管理面临的各种问题，建立规范的公司治理结构，组建股东会、董事会、监事会和经理层，在议事程序、决策程序、财务规则、工作准则等方面规范运作，强化决策的科学性、民主性，努力摆脱家族经营制的束缚，走所有权、经营权分离的道路，实现从家族式管理向现代企业制度的转变。

二是要大胆引进各类人才。"功以才成、业由才广。"人才是企业最宝贵的资源和财富，是成功的关键因素，更是企业自主创新、品牌经营的核心。每个成功的家族企业，不仅在引才、引智上做得出色，而且在用才上能破除传统，不拘一格，通过大胆用才成就企业持续的辉煌。但是，由于绝大多数家族企业管理具有很强的垄断性，企业中高层管理人员往往是以自己的亲属为主，限制了外来优秀人才的输入。今天，市场的一切竞争实际上是人才的竞争，特别是高端人才的竞争。家族企业一定要破除任人唯亲的旧观念，坚持用人唯贤，大胆引进优秀人才，建立科学管理机制，依靠人才进行公司管理和自主创新。要不断完善企业的用人机制，悉心培植

"梧桐树"，方能引得"凤凰"来。要打破一切妨碍企业发展的用才藩篱，着力营造和构建良好用才环境，让各类人才专心致志于企业创新，让他们的创新价值充分得到承认和保护，让更多的创新型人才走向企业的中心舞台，充分发挥他们的积极性、主动性和创造性，为企业长期发展夯实牢固基础。要积极引进职业经理人，提高经营管理能力，完善内部激励约束机制，建立科学规范的劳动用工、绩效考核和收入分配制度，充分体现员工当期成果和累积贡献，发掘员工潜能。只有这样，企业才能在高科技日新月异的今天和严酷的市场竞争中立于不败之地。比如，奥克斯集团将"培养优秀人才"写入企业使命，不断探索、总结，形成了人才三大主线：员工开心满意、业绩提升快、要人随便挑。三年时间，奥克斯累计引进人才 5000 余名，投入 10 亿元建立国家级企业技术中心和博士后科研工作站；员工收入平均每年提升 7%。为牵引人才快速成长，特别设置 1 亿元的传承奖，最高奖额可达 100 万元／人。奥克斯品质创新累计投入超 30 亿元，目前空调智能化产品占比已达 80%，并且配额 1 亿元激发全员能动性。

三是要实现家企分离。家族企业共有式产权造成家庭成员之间产权不清晰，如果家族成员之间关系处理不当，容易导致家族血缘关系的内聚功能转变为内耗功能。有的第一代创始人退出、身故后，企业就陷入股权重新分配，争夺继承权、管理权等混战之中，致使企业分裂甚至破产倒闭。特别是最近几年，一些家族企业由于内部产权不明晰，在企业财产继承或分立时出现内部纷争的情况经常发生，导致企业大伤元气。所以，当企业发展到相当的规模时，一定要做到家族成员产权清晰，做到家企分离，筑好企业和家庭的防火墙，防止因家庭内部纠纷影响企业的持续发展。四川希望集团刘氏四兄弟，是由家族企业转变为现代企业的一个典型例子。他们企业的治理结构的成功转型，最主要的是基于家族成员内部股权的明晰。刘氏兄弟四人从养鹌鹑开始，在短短的几年内发展成为中国饲料市场上的龙头老大。随着企业成长，刘氏兄弟开始以"分家"的形式明晰产权。接着，按照兄弟四人的特长，刘氏产业被划分为三个领域：老大刘永言向高科技领域进军，老三刘永美负责现有产业的运转和房地产开发，老二刘永行和老四刘永好到各地发展分公司，明确分工带来产权上的一次根本性变化。后来，他们意识到兄弟之间在经营理念、投资方向等方面的分歧和差异越来越大，同时交叉运作也难免出现一些利益冲突，对企业的发展不利。为此，他们根据每个人的兴趣和特长再次明晰产权：刘永言投资创立大陆希望，刘永行以东北片区为基础成立东方希望，刘永美建立华西希望，刘永好以南方片区为基础建立南方希望。对于共同拥有的一部分财产，大家各占四分之一。之后，兄弟四个拥有的公司都在不同程度上进行企业内部的制度改革和资源的优化配置，采用现代企业管理模式维持企业的正常运作，企业在走向规范管理的过程中不断做强做大。

四是要弘扬新时代企业家精神。企业家是企业的核心，弘扬企业家精神是确保家族企业持续健康发展和基业长青的关键。在新时代，企业家精神的丰富内涵是：爱国情怀、创新发展、诚信守约、遵纪守法、履行责任、国际视野。要增强民族自豪感、使命感，热爱祖国、热爱人民、热爱党，自觉听党话、跟党走，坚定不移走中国特色社会主义道路。要把创新放在发展首位，专注品质、追求卓越，努力把企业打造成为强大的创新主体，培育和弘扬工匠精神，用匠心打造精品、打造品牌，切实增强企业的市场核心竞争力。要培育诚信经营的企业文化，做到重信誉、守信用、讲信义，自觉增强法治意识，做到依法经营、依法治企、依法维权。要培育高尚的道德情操和健康向上的生活情趣，积极弘扬艰苦奋斗精神，践行勤俭朴素美德，反对享乐主义，拒绝花天酒地，摒弃奢靡生活，以良好形象赢得社会尊重，以严谨操守呵护家庭和睦，以模范表率引领公序良俗。要把个人富裕与全体人民的富裕结合起来，富而有德、富而有爱、富而有责，积极参与乡村振兴战略和其他公益慈善事业，以先富带动后富，实现共同富裕。要用全球化的视野来看待市场资源、产品销售与产业链状态，提高把握国际市场动向和需求特点的能力、把握国际规则能力、国际市场开拓能力、防范国际市场风险能力，努力把企业做优做强做久。

5 奋斗目标变了

由个人富起来，变为实现共同富裕

改革开放以来，我们党立足社会主义初级阶段的基本国情，坚持社会主义基本经济制度，坚持"两个毫不动摇"。习近平总书记指出"民营经济是我国经济制度的内在要素，民营企业和民营企业家是我们自己人"。从提出"让一部分地区、一部分人先富起来"到搞活乡镇企业和私营经济，从实行按劳分配为主体、多种分配方式并存的分配制度到建立社会主义市场经济体制，一系列改革举措为经济快速增长创造了条件，激发创造热情、点燃创业激情，为每个人创造了发家致富的机会。中国的经济实力在短短的几十年内大幅提升，国内生产总值跃居世界第二位，工业增加值稳居世界第一位，实现了全面建成小康社会的伟大胜利。

数据显示，2021 年，我国 GDP 总量超过 114 万亿元，人均 GDP 突破 8 万元，超过 1 万美元，超过了世界中等偏上收入国家平均水平。目前，我国中等收入（家庭年收入 10 万元至 50 万元）及以上的人群规模 4.23 亿人。其中，民营经济领域中等收入以上人群 2.7 亿—2.9亿人，占 64%—69%（大、中型民营企业和经济效益好的小型民营企业投资者约 4500 万；民营企业的高、中层管理人员和高、中级技术人员及熟练工人，约 1.1 亿；2/3的个体户 9000 万左右；各类中介组织、自由职业者等，约 2500 万）；外资企业中等收入以上人群 3500 万左右，约占 8%；国有单位中等收入以上人群 0.9 亿—0.98 亿人，占 21%—23%（国有控股企业中的高、中层管理人员，高、中级技术人员，约 500 万；国有企业职工中 80%—90% 的正式职工，约 4000 万；各级党政机关公务人员，约 800 万；国有事业单位包括教育、医疗、科研、文化、体育等干部与正式工作人员，约 4500 万）。

在创造中国经济奇迹的历史进程中，民营经济作出了"56789"的贡献，即贡献了 50% 以上的税收，60% 以上的国内生产总值，70% 以上的技术创新成果，80% 以上的城镇劳动就业，90% 以上的企业数量。如今，凡是民营经济发展较好的地区，那里的经济就充满生机活力，那里的人民群众生活就比较富裕，那里的贫富差距就比较小。可以说，没有民营经济，就没有当今中国的经济强盛、社会兴旺和全面小康。

长期以来，民营企业家以敢为人先的创新意识，组织带领职工群众奋发努力、艰苦创业、不断创新，在为社会创造巨大财富的同时，涌现出一批大型和超大型民营企业，产生了一批国际级富豪。2021 年，中国民营企业 500 强户均资产达到 832.8 亿元，资产超 1000 亿元的 88 家，有 28 家进入世界 500 强。2021 年新财富 500 富人榜入围门槛 89 亿元，人均财富 353 亿元，超 1000 亿元的有 38 人，超 2000 亿元的有 11 人。胡润研究院发布的《2021 意才·胡润财富报告》显示，中国总财富 600 万元的"富裕家庭"508 万户，总财富千万元的"高净值家庭"206 万户，总财富亿元的"超高净值家庭"13.3 万户。中国富裕家庭拥有的总财富达 160 万亿元，是中国全年 GDP 总量的 1.6 倍，可投资资产达 49 万亿元，占总财富的三成。这些说明，我国民营企业的产业水平、技术积累和财富增长已达到一个新阶段，许多民营企业家经过多年的奋斗已经先富了起来，个人财富达到了相当高的水平，为实现共同富裕奠定了坚实的物质基础。

但是，我们也要看到，我国经济发展在创造巨额财富的同时，也出现了贫富差距大的突出问题。公开数据显示，从 1978 年到 2019 年，中国的基尼系数从 0.317 上涨至 0.465，其间在 2008 年达到峰值 0.491，此后回落，2019 年为 0.465，但仍然高于 0.4 这一警戒线。财富差距在世界处于中等偏低水平，但快速上升，2020 年中国财富排名前 1% 居民占总财富的比例升至 30.6%。

2020 年，我国城镇和农村居民人均可支配收入分别为 43 834 元和 17 131 元，比值为 2.56；城镇和农村中的高收入户的人均可支配收入分别是 96 062 元和 38 520 元，比值为 2.5；城镇和农村低收入户人均可支配收入分别是 15 597 元和 4681 元，比值为 3.3。可以看出，我国城镇和农村居民人均可支配收入存在明显的差距。除了城乡差距外，东高西低的区域差距、行业差距亦十分显著。1999 年，西部 12 个省区市和东部 10 个省市 GDP 占全国总量的比重分别为 17.51% 和 54.11%，到 2019 年，分别为 20.82% 和 50.82%，20 年间平均每年只缩小 0.33 个百分点；互联网、金融和其他高新技术行业收入水平明显高于传统的劳动密集型产业的收入水平。

具体地说，目前我国低收入群体还有将近 10 亿人，占全部人口的 70%，特别是还有 6 亿人月收入不到 1000

图 4-5 共富、幸福、数字、低碳的未来乡村示范样板——温州

元，2.5 亿人月收入不足 500 元。

党的二十大报告提出："共同富裕是中国特色社会主义的本质要求，也是一个长期的历史过程。我们坚持把实现人民对美好生活的向往作为现代化建设的出发点和落脚点，着力维护和促进社会公平正义，着力促进全体人民共同富裕，坚决防止两极分化。"党中央把实现共同富裕作为"十四五"规划和 2035 年基本实现现代化的一个远景目标，明确提出要持续提高低收入群体收入，扩大中等收入群体，形成中间大、两头小的橄榄型分配结构，促进社会公平正义，促进人的全面发展，使全体人

188

民朝着共同富裕目标扎实迈进。

现在，国际上衡量共同富裕的主要指标有三个：一是人均 GDP 高。世界银行提出的发展与发达国家参考标准是：中等收入发展中国家的人均 GDP 为 0.6 万—1.2 万美元，高收入发展中国家的人均 GDP 超过 1.2 万美元，初级发达国家的人均 GDP 为 1.5 万—2.5 万美元，中等发达国家的人均 GDP 达 2.5 万—3.5 万美元，高度发达国家的人均 GDP 为 3.5 万美元以上。二是贫富差别小，基尼系数在 0.35 以下。三是中等收入人群比重大，占人口的 60%—80%。

按世界银行关于发达国家标准，以 2020 年 1 美元等于 6.8976 元人民币的汇率不变、我国人口总量也不变计算，要达到人均 GDP2.5 万—3.5 万美元的中等发达国家水平，则 2035 年我国人均 GDP 要翻一番以上，达到 17 万—24 万元人民币水平，届时我国的 GDP 总量需要达到 238 万亿—336 万亿元人民币。

若以中等发达国家中等收入群体占 60% 以上（通常为 60%—80%）作参考，我国在 15 年内至少要将 30% 的人口即 4.2 亿低收入人群提升为中等收入人群，从而使 8.5 亿人成为中等收入群体。也就是说，需要在保持目前

4.23 亿中等收入人群不减少的前提下，平均每年约 2800 万的低收入人群能够进入中等收入行列。实现共同富裕的这个任务，比过去任何时候都显得艰巨繁重。

扩大中等收入群体规模，是促进共同富裕的关键一环。过去的 43 年，民营经济造就了全国 2/3 以上的中等收入群体。截至 2022 年 9 月底，民营经济市场主体超过 1.57 亿，其中私营企业 4740.8 万户、个体工商户 1.1 亿户，民营经济占 GDP 比重超过 60%。到 2035 年，人均 GDP 要翻一番以上，共同富裕"蛋糕"要做大一倍，4 亿多的人口要进入中等收入行列，继续大力发展民营经济是最直接、最有效、最重要的途径。在实现共同富裕的伟大征程中，民营企业和民营企业家既是受益者、参与者，更应是践行者、推动者。作为践行者、推动者，民营企业要致富思源、富而思进、富而思善，在共同富裕道路上担当有为，履行好以下几个方面的责任：

第一，创造更多就业岗位，为扩大中等收入群体打下基础。习近平总书记多次强调，就业是最大的民生工程、民心工程、根基工程。就业是民生的基础。没有就业就没有收入，更没有共同富裕。2020 年，我国城镇就业，民营经济占就业存量的 83%，占就业增量的 100%。

自 2013 年以来，国有单位和外资企业就业数量呈下降趋势（目前国有企业职工占全部就业存量的 12% 左右），民营经济就业数量则逐年增长。未来 15 年，民营经济就业增量仍然会占城镇就业新增量的 100%。到 2035 年，民营经济就业在城镇就业中的总量占比，将会超过 85%。当前，在改革发展稳定任务艰巨繁重情况下，又叠加新冠疫情持续冲击，不稳定不确定因素明显增多，就业问题成为当前经济工作的重中之重。国家大力支持吸纳就业能力强的劳动密集型产业发展，广大民营企业家要积极投入"大众创业、万众创新"的热潮中，注重发展技能密集型产业，开发更多技能型就业岗位。要推动服务业与制造业深度融合，打造更多制造业就业新增长点。积极培育新兴产业，依托互联网等现代信息技术平台，不断拓展新就业形态，充分挖掘就业岗位资源，促进失业人员再就业，促进就业岗位的供求平衡。江苏红豆集团多年来坚持以"一方水土养八方人""实业报国、共同富裕、八方共赢、造福社会"作为发展理念，企业一旦获得利润就继续投资扩大再生产，为社会创造大量的就业岗位。目前，该集团下属企业带动国内外就业近 10 万人，纳税一直稳居本地企业前列，被誉为"有高度社会责任感"的民营企业。

现在，我国有近 10 亿低收入人群，一半多在农村，近一半在城镇。城镇低收入人群将近 80% 在民营经济领域中，其中在民营企业就业的城镇职工和农民工及其家属大约有 3 亿人，1/3 的个体户 0.8 亿人。2020 年全国农民工总量为 2.86 亿人，约占总人口的 20%，其月均收入4072 元。按照夫妇双方均为农民工、每个家庭 2.62 人标准计算，这样的家庭收入比较接近中等收入群体的门槛水平。因此，提高这一部分农民工和在民营企业就业的城镇人群的收入水平，能够直接扩大中等收入群体规模。只有民营经济进一步发展了，分配机制进一步完善了，才能把在民营经济就业的几亿低收入人群提升进入中等收入人群。所以，未来 15 年我国中等收入人群要想达到人口的 60%，除了国有单位和外资企业要担当责任外，民营经济在扩大中等收入群体方面具有决定性作用 (据初步分析，未来 15 年 4.2 亿的中等收入人群，其中 80% 左右在民营经济领域中产生，15% 左右在农村经济领域中产生，5% 左右在国有单位和外资企业中产生)，民营企业和民营企业家在实现共同富裕中任重道远。

第二，要坚持创业创新创富，努力实现自身高质量

发展。党的二十大报告指出："发展是党执政兴国的第一要务。没有坚实的物质技术基础，就不可能全面建成社会主义现代化强国。"实现共同富裕，发展是第一位的，是解决一切问题的基础和关键。做优、做精、做强企业是企业家的应然使命。企业只有发展了，"蛋糕"做大了，才能创造更多社会财富，才能为共同富裕打下坚实基础。当前，以人工智能、大数据、量子信息、工业互联网等为代表的科技革命和产业变革深入发展，在给民营企业和民营企业家带来挑战的同时，也创造了更为广阔的发展机会和空间。在推动高质量发展的新阶段，民营企业要锐意进取，完整、准确、全面理解和贯彻新发展理念，在企业转型升级、产品更新迭代上下大功夫，在企业管理、技术革新、人才队伍优化等方面拓展思路，专注专精特新方向，优化产业布局，不断改进生产工艺，坚持依靠创新实现生产智能化、管理信息化、制造精益化、产品个性化、服务便利化，把企业做强做大，实现长期、稳定、健康和高质量发展。千千万万的民营企业做好了，就能更好更多地创造经济增长、创造社会财富、创造幸福生活。同时，政府要鼓励全社会勤劳创新致富，坚持"两个毫不动摇"，消除所有制歧视，公正平等对待民营企业，为各类企业创造平等发展的良好营商环境，从要素获取、市场准入、减税降费、技术创新和金融服务等方面为民营企业纾困解难。要用市场化引航，以法治化护航，依法保护合法收入，保护企业与个人产权，保护中小微型企业的一切正当权利与利益，让民营企业放心投资、安心创业、专心创新。

第三，要创造和缴纳更多税收，为民富国强夯实基础。税收是政府改善国计民生、提供公共产品和公共服务的重要财务保障，也是企业和每个纳税人对社会的回报和贡献。2020 年，民营经济税收已占国家税收的60.1%，成为国家收入的最大主体。随着经济的发展，民营经济要为国家创造更多的税收总量和更大比例的税收增量，为国家强盛、民族振兴奠定更加厚实的基础。依法纳税是所有企业和公民的责任与义务。要把依法纳税、足额缴税、不偷不漏，变成企业家的法治自觉和情感自觉。民营企业投资人和高级管理人员、高级技术人员，要依法、自觉、足额缴纳个人所得税、资本利得税、财产交易税等。与此同时，国家要为民营企业创造税负公平的法律政策环境，国家各项税率的制定及其征管，要适应包括民营企业在内的各类企业生产经营实际变化情况。当前，在经济下行压力较大又叠加疫情冲击的情况下，要为企业减税降费，更好地保护企业发展的内在积极性。要把减轻税负的重点放在小微型企业和科技创新型企业身上，为更多人、更多企业的创业创新提供更好的税收环境。

第四，要坚持劳资利益共享，增强企业职工获得感、幸福感。分好企业发展"蛋糕"，必须坚持劳资利益共享，这是完善第一次分配的重要内涵与要义，也是民营企业促进共同富裕的内部实践。民营企业要构建企业与职工事业共同体、利益共同体和命运共同体，将企业发展利益、股东利益、高管利益和职工利益紧密结合起来。要努力提升就业者劳动技术能力，完善工资分配制度，健全工资合理稳定增长机制，提高劳动报酬比重，让职工能共享企业发展成果。特别是要建立健全职工工资收入增长与企业效益、投资者利益共同增长机制，职工技能素质提高与企业生产效率提高共进机制，职工社会保障提升、福利改善与企业生产环境安全健康条件改善共推机制。要切实保护职工合法权益，执行最低工资制度，正式职工全员参加社会保障；在大型企业和效益好的中型企业中，倡导将共同富裕列入企业发展战略，主动控制企业主与高管的加薪幅度与增长节奏，制订扩大职工进入中等收入人群的中长期目标计划。只有民营企业特别是"铺天盖地"的小微企业经营发展好了，职工的工资收入、社保和福利提高了，才能使数以亿计的低收入职工进入中等收入人群行列。这是实现共同富裕的关键环节和经济微观基础条件。比如，深圳研祥集团在企业发展过程中，积极构建和谐劳动关系，引领员工在事业平台上通过持续奋斗实现价值创造，获取相应福利待遇，分享更多企业发展成果。该集团制定了一套覆盖员工福利、员工关爱、员工激励等方面的制度体系，具体措施包括：向公司全体员工免费提供每日自助三餐（工厂四餐），免费提供自助式员工宿舍或单身公寓，提供无息购房贷款、无息购车贷款，建立研祥产业大学对员工进行制度化培训，常年外请教练免费为员工开展健身和体育运动方面的教学，免费为员工提供健身房、瑜伽室、KTV、室内恒温游泳池、电影院、篮球场、足球场等休闲娱乐体育设施等，周末开设亲子兴趣班，极大增强了员工的获得感、幸福感、安全感。这些，换来员工以更加积极饱满的热情投入工作中，创造更多可以共享的财富。

第五，做公益慈善事业的表率，为共同富裕承担社

会责任。企业财富来自社会，理应回报社会，扛起共同富裕的担当。多年来，许多先富起来的民营企业家致富不忘回馈社会、造福人民，积极参与各种公益慈善事业，为促进共同富裕承担社会责任。最近几年，有近 13 万家民营企业参与"万企帮万村"精准扶贫行动，帮扶近 14 万个贫困村，产业投入 1100 多亿元，公益投入 160 多亿元，带动和惠及 1800 余万建档立卡贫困人口，形成了先富带动后富的生动实践。新奥集团自 1989 年创立至今，始终坚持产业带动和公益帮扶双轮驱动，坚定行进在光彩事业的道路上。在产业带动方面，新奥聚焦西藏、内蒙古、广西、云南等民族地区和边疆地区，以产业投资的方式，发展旅游业、综合能源、煤化工等产业，带动当地经济社会发展和群众就近就地就业，总投资额超 182 亿元；在公益帮扶方面，新奥积极参与"万企帮万村"精准扶贫等行动，新奥公益慈善基金会自 2005 年成立以来，在帮扶弱势群体、资助困难学生和改善办学条件等方面也做了大量投入。根据已有的统计数据，新奥在公益帮扶方面的总投入超 9 亿元。

最近几届中国慈善榜数据显示：民营企业已经成为国内大额捐款的主力军，上榜的民营企业占榜单所有企业总数的 70% 以上，其捐款总额占榜单总捐款额的 80% 以上。在 2014 年以后的企业捐赠比例中，民营企业始终排在第一。截至 2020 年底，全国登记在册的基金会 8385 家，其中民营企业基金会超过 1000 家，基金会净资产总规模约 1700 亿元。中国第一家全国性非公募基金会广东香江社会救助基金会自 2005 年成立以来，在扶危济困、脱贫攻坚、疫情防控、乡村振兴等多方面投入大量人力物力，累计捐赠 20 亿元，直接帮扶人群超过 400 万人次，爱心足迹踏遍全国 23 个省以及缅甸华人地区，覆盖超 150 个区县。先后为超过 200 万名学生送去图书，为超过 180 万名受艾滋病影响人群提供救助，为 8 万多名残疾儿童和老人送去温暖，为 6 万多名乡村儿童提供心理健康服务，为 3000 多名孤儿提供成长照顾，义工队伍扩充至 2 万多人，参与公益活动达 20 万人次。

近几年，许多有意愿、有能力的民营企业家拿出自己的财富，贡献社会和民众福祉，如阿里巴巴公益基金会、腾讯公益慈善基金会、河仁慈善基金会、亨通慈善基金会、恒安慈善基金会、正泰公益基金会、王兴基金会、传化慈善基金会、繁星慈善基金会、新华都慈善基金会等，他们从以往的单纯捐赠，发展到组织化、深度化的公益慈善行为，通过基金会和慈善信托，将企业运作管理方式注入公益组织和公益活动中，为推动我国各类公益慈善事业发展发挥了独特的作用。但是，先富群体的公益慈善行动与社会和人民的期待相比，仍有很大的发展潜力和空间。根据中国慈善联合会《2019 年度中国慈善捐助报告》，2019 年我国接收内地捐赠为 1509 亿元，仅占该年 GDP（99 万亿元）的 0.15%。而同期美国的慈善捐赠占到美国同年 GDP 的 1.5%，是当前我国捐赠总额的 10 倍。

习近平总书记在党的二十大报告中提出："支持有意愿、有能力的企业、社会组织和个人积极参与公益慈善事业。"在实现共同富裕的过程中，民营企业家作为高收入人群，要展现先富带动后富的使命担当，在自愿的基础上力所能及拿出自己的部分财富，积极参与公益慈善事业，投身"万企兴万村"活动，为缩小贫富差距、实现更合理的收入分配发挥更大作用。同时，政府要大力倡导、鼓励、支持先富人群参与慈善、捐赠等社会公益，完善有利于慈善组织特别是基金会持续健康发展的体制机制，鼓励探索各类新型捐赠方式。进一步修订完善慈善信托制度，借鉴全国社保基金理事会成功实践，设立专门管理民营企业捐赠资金的投资管理机构，提升第三次分配的资金管理水平，提升资金的投资效率，做大做强善款规模。落实公益性捐赠税收优惠政策，完善慈善褒奖制度，加强对慈善组织和活动的监督管理，提高公信力和透明度，增强对先富人群大额捐赠的吸引力。

第六，做"精神生活富裕"的榜样，为共同富裕树立崭新风尚。 民营企业家作为改革开放的最大受益者，对我国现行体制和主流价值观具有较高认同，具有积极回报社会的强烈时代自觉，涌现出一大批以强国富民、造福社会为理想的实业家、慈善家，树立了中国企业家的良好形象，构成了中国企业家精神的丰富内涵。同时，也存在极个别一边巨额负债一边大额捐赠的沽名钓誉者和唯利是图、炫富比阔的奢靡享乐者，有的主导企业生产假冒伪劣，有的无视员工劳动生产健康安全，有的放任企业破坏资源环境，有的搞官商勾结、权钱交易、利益输送，有的以商界精英、时代英雄自居，有的私言私行不谦不德、不规不矩，等等。这些价值观的偏差和行为的变异，导致企业经营失误失败，更对党风、政风和社会风气造成负面影响。所以，作为物质生活上"先富"起来的群体，民营企业家也要在精神生活上"先富"起来，做到富而有德、富而有爱、富而有责。一方面，要遵守国家法律法规，积极倡导自强不息、止于至善理念，激发创业创新创造内在动力，不搞市场垄断，不搞不正当竞争，遵循市场规则和行业规范，引领资本向善、商业向善、科技向善、财富向善。另一方面，要积极践行社会主义核心价值观，着力培育高尚的道德情操和健康向上的生活情趣，坚决杜绝享乐主义奢靡之风，以良好形象赢得社会尊重，以严谨操行守护家庭和睦，以模范表率引领公序良俗，为促进共同富裕在精神层面发挥正向带动作用，共促全社会道德水平和文明程度的提升。

2020 年 11 月 12 日，习近平总书记考察南通博物苑时强调，"民营企业家富起来以后，要见贤思齐，增强家国情怀、担当社会责任，发挥先富帮后富的作用，积极参与和兴办社会公益事业"。实现全体人民共同富裕，是党的根本宗旨和社会主义的本质要求，是中国特色社会主义制度优越性的集中体现，是对西方现代化和福利社会的一种超越。在通往共同富裕的征途上，肩负新使命的民营经济必将大有可为，也必将大有作为。我们相信，过去 40 多年，民营企业和民营企业家能够为中国成为中高收入发展中国家、走向全面小康作出历史性巨大贡献；

今后 15 年和 30 年，民营企业和民营企业家同样能够为中国成为高收入发达国家、走向共同富裕作出历史性的新贡献。

后记

在本书即将付梓出版之际，恰逢举国关注、举世瞩目的中国共产党第二十次全国代表大会胜利召开！党的二十大报告站在民族复兴和百年变局的制高点，从战略全局上对党和国家事业作出规划和部署，科学谋划未来党和国家事业发展的目标任务和大政方针，提出一系列新思路、新战略、新举措，擘画出全面建成社会主义现代化强国的宏伟蓝图。

党的二十大报告还就促进民营经济发展壮大作出许多新的重大论述，再次重申坚持和完善我国基本经济制度、坚持"两个毫不动摇"，强调"坚持社会主义市场经济改革方向"，继续"营造市场化、法治化、国际化一流营商环境"，切实"依法保护民营企业产权和企业家权益"，表明了党的一贯立场和支持鼓励民营经济发展的方针政策没有改变，回应了社会重大关切和民营企业的呼声期盼，及时给民营企业家送来一颗"定心丸"。

在党的二十大报告中，习近平总书记第一次明确提出"促进民营经济发展壮大""优化民营企业发展环境""完善中国特色现代企业制度，弘扬企业家精神，加快建设世界一流企业""支持中小微企业发展"，有力地驳斥了最近几年社会上各种否定贬损民营经济的奇谈怪论，宣示了我们党大力促进民营经济发展壮大的坚定决心，这将大大增强各级党委政府以及社会各界对发展民营经济重要性的认识，在全社会营造优化民营经济发展的浓厚氛围。同时，这一重要论述，对于稳定市场主体预期、坚定市场主体信心、提振市场主体精神，激励广大民营企业家继续把企业做优做强，将产生极大的推动作用。

党的二十大还特别强调，要"坚持多劳多得，鼓励勤劳致富""使人人都有通过勤奋劳动实现自身发展的机会"。改革开放以来，我们党立足社会主义初级阶段基本国情，从提出"让一部分地区、一部分人先富起来"到搞活乡镇企业和私营经济，从实行按劳分配为主体、多种分配方式并存的分配制度到建立社会主义市场经济体制，一系列改革举措为经济快速增长创造了条件，激发创造热情、点燃创业激情，为每个人创造了发家致富的机会。习近平总书记在党的二十大报告中提出"坚持多劳多得，鼓励勤劳致富""鼓励共同奋斗创造美好生活，不断实现人民对美好生活的向往"。这实际上是对改革开放以来勇于创业创新、劳动致富的民营经济人士的再动员、再号召。提倡多劳多得，就是鼓励勤劳创新致富，为所有人创造公平发展的机会，畅通向上流动的通道，让劳动、资本、土地、知识、技术、管理、数据等一切创造财富的源泉充分涌流，使各类要素的致富创富活力竞相迸发，"使人人都有通过勤奋劳动实现自身发展的机会"。当前，世界百年未有之大变局加速演进，世界进入新的动荡变革期。我们所处的时代、环境、阶段、条件、市场都发生了深刻变化，老板确确实实比过去难当了，但党和国家大力鼓励支持更多人创业创新创富政策没有改变。要按照二十大精神，引导民营经济中的市场主体，不管是大中企业还是小商小贩，勇于迎接困难挑战，充分发挥聪明才智，安心干企业、做生意、搞创新，在为社会创造更多财富的前提下，努力增加自己的个人财富，继续争当新时代劳动创业致富的带头人。

新时代画卷气吞山河，新征程篇章气势恢宏。时代潮流，浩浩荡荡，唯有弄潮儿能永立潮头；历史车轮，滚滚向前，唯有奋斗者能乘势而上。历史的契机，正等待创业者、奋进者、搏击者。党的二十大描绘了新时代实现第二个百年奋斗目标的宏伟蓝图，对于民营经济发展是一次难得的历史机遇；对于民营企业家，又是一次人生转折的历史机遇。新时代的梦想是"复兴梦""强国梦"，是一个充满无限机会、无限可能、无限成功和无限梦想的新时代。相信我国广大民营企业家一定会认清形势，坚定信心，提振精神，在困难挑战面前不抱怨、不躺平、不放弃，踔厉奋发、勇毅前行，努力创造出无愧于历史、无愧于新时代的新业绩，成为无愧于新时代的民营企业家。

这是中国广大民营企业和民营企业家献给新时代、献给中国式现代化的最好礼物！